AF282072

Administración y gestión de plataformas LMS *moodle.* SSCE23

Isabel María Márquez Pérez

ic editorial

Administración y gestión de plataformas LMS *moodle*. SSCE23
© Isabel María Márquez Pérez

1ª Edición

© IC Editorial, 2025

Editado por: IC Editorial
c/ Cueva de Viera, 2, Local 3
Centro Negocios CADI
29200 Antequera (Málaga)
Teléfono: 952 70 60 04
Fax: 952 84 55 03
Correo electrónico: iceditorial@iceditorial.com
Internet: www.iceditorial.com

ISBN: 979-13-7027-025-4
Depósito Legal: MA 1285-2025

Impresión: PODiPrint
Impreso en Andalucía – España

Nota de la editorial: IC Editorial pertenece a Innovación y Cualificación S. L.

Especialidad formativa

Se entiende por especialidad formativa la agrupación de contenidos, competencias profesionales y especificaciones técnicas que responde a un conjunto de actividades de trabajo enmarcadas en una fase del proceso de producción y con funciones afines.

Las especialidades formativas de Uso General, Formación Complementaria, Formación Modular y las especialidades formativas dirigidas a la obtención de certificados de profesionalidad se incluyen en el Fichero de Especialidades del Servicio Público de Empleo Estatal para su gestión en todo el territorio nacional por cualquier Administración competente.

Las especialidades complementarias, pertenecen todas a la Familia profesional de Formación Complementaria (FCO) y tienen la consideración de formación transversal en áreas que se consideran prioritarias tanto en el marco de la Estrategia Europea para el Empleo y del Sistema Nacional de Empleo como en las directrices establecidas por la Unión Europea. Se consideran áreas prioritarias las relativas a tecnologías de la información y la comunicación, la prevención de riesgos laborales, la sensibilización en medio ambiente, la promoción de la igualdad, la orientación profesional y aquellas otras que se establezcan por la Administración competente.

Las especialidades de Certificado de profesionalidad tienen una duración especificada en su normativa reguladora.

En el resultado de la búsqueda, se muestran las unidades de competencia, todos los módulos formativos con su duración y las unidades formativas del certificado correspondiente, con su duración. Las horas del certificado, exclusivo de las especialidades de certificado de profesionalidad, con alta igual o superior a 2008, son las horas totales más las horas del módulo de Prácticas Profesionales no Laborales.

➲ **Si la especialidad tiene unidades formativas,** las horas totales, presencial, distancia, teleformación serán igual a la suma de esas horas de las unidades formativas de los distintos módulos, sin que se repita ninguna Unidad formativa.

⮑ **Si la especialidad no tiene unidades formativas,** las horas totales, presencial, distancia, teleformación serán igual a las sumas de esas horas de los módulos formativos, eliminando las horas de los módulos repetidos.

https://sede.sepe.gob.es/especialidadesformativas/RXBuscadorEFRED/BusquedaEspecialidades.do

(Fuente: Servicio Público de Empleo Estatal)

Índice

OBJETIVOS GENERALES

Los objetivos generales del **SSCE23. Administración y gestión de plata-formas LMS *Moodle,*** son:

- ⮑ Gestionar acciones formativas en la modalidad teleformación utilizando *Moodle* como LMS.
- ⮑ Aplicar las funcionalidades básicas de *LMS-Moodle* en el desarrollo de las tareas de gestor de programas de teleformación.
- ⮑ Adaptar los programas presenciales a la modalidad de teleformación aplicando las características generales y las condiciones de la formación en línea, asumiendo las funciones, competencias y habilidades propias del gestor en relación con la modalidad de impartición.

Herramientas de *LMS-Moodle* para la gestión de la teleformación

Contenido

Objetivos

El objetivo general de esta Unidad de Aprendizaje es:

→ Aplicar las funcionalidades básicas de *LMS-Moodle* en el desarrollo de las tareas de gestor de programas de teleformación.

Los objetivos específicos de esta Unidad de Aprendizaje son:

→ Identificar las características del *e-learning*.

→ Conocer la plataforma *Moodle*.

→ Reflexionar sobre la posibilidad de dinamización de las acciones formativas a través del uso del foro.

→ Utilizar el sistema de evaluación que *Moodle* da a los talleres.

→ Poner en práctica el sistema de codificación para subir masivamente usuarios a *Moodle*.

→ Realizar una encuesta de satisfacción de *Moodle*.

1. Introducción

El auge experimentado en los últimos años por las tecnologías de la información y comunicación (TIC), así como la crisis debido a la pandemia SARS-CoV-2, ha aumentado exponencialmente la necesidad y demanda de formación *online* o teleformación.

Aunque desde hace tiempo atrás, debido sobre todo a las posibilidades y herramientas que aportan las TIC, la tradicional formación a distancia se ha visto envuelta en un proceso de cambio que ha permitido el desarrollo y la integración de la teleformación como un elemento cotidiano en nuestras vidas, en alguna o cualquiera de sus modalidades.

A lo largo de esta unidad tendremos la posibilidad de conocer cuál ha sido la evolución de los sistemas de gestión del aprendizaje (*Learning Management System*) o e-*learning,* plataformas educativas y/o entornos virtuales de aprendizaje (EVA), así como conocer las características y detalles técnicos de una de las plataformas virtuales de aprendizaje más usadas: *Moodle.*

A lo largo de las unidades, iremos viendo el caso de Luis, propietario de una pequeña academia de formación en idiomas. Su academia se llama Aprende+, y quiere innovar en la impartición de sus cursos. Luis está notando una creciente tendencia en la demanda de sus clientes potenciales a la realización de cursos *online,* y ve también posibilidades en el mercado de la enseñanza de idiomas a personas que no se encuentren en su ciudad. Es por ello por lo que está interesado en implementar un sistema de cursos de inglés para diferentes niveles en *e-learning*.

2. El *e-learning*

☞ HILO CONDUCTOR

Para comenzar con la implantación de sus cursos en inglés, Luis en primer lugar tendrá que asegurarse de saber a qué se enfrenta, por lo que lo primero es conocer qué es *e-learning.*

El medio en el que se desarrolla el proceso de enseñanza-aprendizaje en la modalidad educativa de *e-learning* es a través de internet, con la ayuda de plataformas virtuales o entornos virtuales de aprendizaje (EVA), de manera que, para llevar a cabo el proceso, no es necesario que alumnado y profesorado se encuentren en el mismo lugar, ni al mismo tiempo, pudiéndose dar la interacción didáctica de forma síncrona o asíncrona.

 ## DEFINICIÓN

e-learning
Es un anglicismo que se usa junto con otros términos como teleformación, formación *online* o enseñanza virtual, para denominar la modalidad educativa que usa las tecnologías de la información y comunicación (TIC) como medio para desarrollar el proceso de enseñanza-aprendizaje.

- -

3. Evolución y características

👉 HILO CONDUCTOR

El propietario de la academia Aprende+ quiere conocer la historia y características del *e-learning* para verificar qué se ha hecho anteriormente en este sentido, y qué características tiene la formación *online* en la actualidad.

- -

Evidentemente la evolución de la formación *e-learning* ha estado determinada por la creación, desarrollo y aplicabilidad de las TIC. De manera que el desarrollo de procesos de enseñanza-aprendizaje en entornos virtuales ha avanzado al amparo de las innovaciones que se han producido en el terreno de las tecnologías y de la informática.

Dentro de esta evolución se puede comprobar cómo hemos evolucionado de un modelo de enseñanza a distancia tradicional, caracterizado por un aprendizaje autónomo del alumnado y sin apenas interacción con el profesorado (inicialmente por correo postal y posteriormente mediante el uso del teléfono), pasando por la década de 1970, con los primeros cursos con soporte informático CBT (*Computer Based Training*) que hacían uso del disquete, CD o DVD, a la explosión y auge de internet durante la década de 1990, donde los cursos y formaciones comenzaron a alojarse en páginas web, con lo que llegamos al inicio de la formación *online*.

En todo este proceso existen una serie de hitos, en los que se produjeron numerosas innovaciones tecnológicas que permitieron llegar hasta la teleformación tal y como se conoce en nuestros días:

➲ **PLATO: el primer LMS:** el primer sistema de gestión del aprendizaje *(Learning Management System)* fue desarrollado en 1960 en la Universidad de Illinois (EE. UU.) por Donald Bitzer. Su nombre resulta de las iniciales de: *Programmed Logic for Automated Teaching Operations*. En sus primeras versiones contaba con ficheros de voz, sistemas de grabación y ficheros de notas, estando destinado a alumnado de secundaria y enseñanzas universitarias, aunque posteriormente se adaptó para su uso en todos los niveles educativos. A lo largo de su historia ha pasado por muchas versiones y adaptaciones, incluso en 2004 se liberó un emulador de su última versión con código abierto, cerrándose de forma definitiva en 2006. PLATO ha llegado a contar con más de 15.000 lecciones y ha sido usado en todo el mundo.

➲ **ARPAnet: los orígenes de internet:** ARPANET *(Advanced Research Projects Agency Network)*, o Red de Agencias de Proyectos de Investigación Avanzada, es la red precursora de internet. Consistió en una red que conectaba ordenadores de uso militar y de los principales grupos de investigación de EE. UU.
El concepto de red de ordenadores fue desarrollado inicialmente por Joseph CR Licklider, y en su desarrollo intervinieron científicos como Ivan Sutherland o Robert Bob Tylor. La primera conexión entre dos ordenadores con ARPANET tuvo lugar el 29 de octubre de 1969, y un mes después se estableció el primer enlace entre la Universidad de California (UCLA) y la Universidad de Stanford; en diciembre de ese mismo año el enlace pasó a ser una red de 4 nodos sumando la Universidad de California en Santa Bárbara y la Universidad de Utah.

➲ **Correo electrónico:** el primer correo electrónico de la historia se transmitió usando la red de ARPANET, por el ingeniero Roy Tomlison, en 1971. A Tomlison se le encomendó la tarea de desarrollar un uso alternativo para un sistema operativo de uso militar, mediante el cual los militares podían comunicarse entre sí, pero no con el resto. Le debemos también a Tomlinson el uso de la arroba como medio para separar el usuario y el ordenador en el que se aloja la cuenta de usuario de destino.

➲ *E-books* **y proyecto Gutenberg:** aunque el primer precedente del libro electrónico data de 1949, y su inventora fue la profesora Ángela Ruiz Robles, el mérito a nivel mundial de la creación del *e-book* o libro electrónico tal y como lo conocemos hoy día se le atribuye a Michael Hart, que en 1971 comenzó a digitalizar y convertir en archivos de texto electrónico obras literarias de dominio público, con la idea de crear una biblioteca digital.

A lo largo de los años, el proyecto Gutenberg ha ido creciendo hasta contar con más de 60.000 ejemplares y una red de voluntarios en todo el mundo que se encargan de digitalizar los libros que no están sujetos a derechos de autor, para formar parte de esta gran biblioteca y que puedan ser compartidos y descargados por todo el mundo.

Enciclopedia mecánica de Ángela Ruiz Robles (© Imagen: Mujeres con ciencia / mujeresconciencia.com)

⮑ ***World Wide Web:*** en 1989 Tim Berners-Lee y Robert Cailliau desarrollaron en las instalaciones del CERN en Suiza la propuesta de *World Wide Web,* que posteriormente fue publicada en 1991.

En resumen, la idea consistió en combinar hipertexto e internet con lo que se ponía en marcha el concepto de página web tal y como lo conocemos hoy día. La primera página web fue creada por Tim Berners-Lee en 1990 y consistía en explicar cómo funciona la *World Wide Web* y cómo crear una página web.

⮑ **Foro:** los foros de internet siguen empleándose en la actualidad, pero su uso se popularizó entre los años 1980 y 1990, cuando los sistemas de noticias BBS *(Bulletin Board System)* y Usenet (sistema global de discusión de internet), así como las listas de correo electrónico, posibilitaron las conversaciones con "hilos". Dichos hilos han evolucionado como los temas de discusión dentro del foro, y los foros crean comunidades de personas que se relacionan en torno a un interés en común.

⮑ **Blog:** los blogs nacieron como diarios personales en línea. En 1994 el estudiante de la Universidad de Swarthmore es reconocido como uno de los primeros blogueros al comenzar a escribir un diario sobre su vida personal, pero dándole difusión en la web. Las páginas abiertas *webring* incluían a miembros de la comunidad de los blogs o diarios en línea.

Lo habitual era que las páginas, tanto las personales como las de empresas, tuviesen un apartado de noticias, que era ordenado cronológicamente. A partir de esta idea y del diseño e implementación de *softwares* específicos, se comenzó a facilitar y acercar el uso y manejo de esta tecnología a cualquier persona, sin necesidad de que tuviese conocimientos técnicos específicos.

⮞ ***Classmates:*** en 1995 Randy Conrads dio vida a Classmates.com, para muchos el germen de las redes sociales modernas, ya que se crea con el fin de retomar el contacto con antiguos compañeros/as de clase, como después harían otras redes sociales como por ejemplo *Facebook*.

⮞ ***Six Degrees:*** es considerada la primera red social de la historia de internet. En 1997 Andrew Weinreich lanzó su producto que consistía en un fichero electrónico de contactos. La idea de Weinreich estaba basada en la teoría de los seis grados de separación de Stanley Milgram (años sesenta), que decía que entre una persona y otra cualquiera del mundo no existe más que un promedio de seis personas, por lo que para ponernos en contacto con otra persona del mundo no tendríamos más que establecer una cadena de seis personas conocidas.

A través del fichero de contactos cada persona podría ver y conectar con gente que no conoce (contactos en segundo grado), mediante personas que sí conoce (contactos en primer grado), con el objetivo de mejorar en su vida personal o laboral.

⮞ ***Wikipedia:*** uno de sus cofundadores, Jimmy Wales, define *Wikipedia* como "un esfuerzo para crear y distribuir una enciclopedia libre, de la más alta calidad posible, a cada persona del planeta, en su idioma", para lograr "un mundo en el que cada persona del planeta tenga acceso libre a la suma de todo el saber de la humanidad".

Con esta visión ve la luz el 15 de enero de 2001 *Wikipedia*, creada por Jimmy Wales y Larry Sanger, *Wikipedia* es una enciclopedia de carácter colaborativo; en ella se organiza, estructura y recopila el conocimiento. Es una página de contenido abierto y además es una *wiki,* por lo que (con excepciones de seguridad) puede ser editada por cualquiera.

⮞ ***SCORM:*** SCORM (*Shareable Content Object Reference Model*) es un conjunto de normas técnicas y especificaciones, que permite que los objetos y contenidos del aprendizaje puedan ser importados y reutilizados por diferentes plataformas de *e-learning*.

Aunque sus orígenes se sitúan en 1999 en el Departamento de Defensa de EE. UU., su primera versión pública no apareció hasta el año 2001.

⮞ ***Moodle:*** con *Moodle* nace la primera plataforma de aprendizaje propiamente dicha. Se trata del primer LMS, y su primera versión se publicó el 20 de agosto de 2002 y fue creada por Martin Dougiamas. Es un programa de código abierto, por lo que está al alcance de cualquier persona que quiera usarla. Está concebida para ayudar al profesorado a la creación de comunidades de aprendizaje en línea.

- **Facebook, YouTube y X:** *Facebook* fue lanzado el 4 de febrero de 2004, inicialmente estaba pensado como una red social en la que los usuarios podían compartir y etiquetar fotografías.

  En 2005 nace *YouTube* que permite compartir y ver vídeos en *streaming* a cualquier persona.

  En 2006 nace *X (antiguo Twitter)*, inicialmente pensado para compartir comentarios de hasta 140 caracteres, en la actualidad hasta 280.

  Estas redes sociales tienen diversas aplicaciones en el mundo educativo.

- **MOOC:** aunque ya existían con anterioridad, los MOOC atrajeron la atención del mundo a partir de que en 2012 se publicase un artículo en el *New York Times* en el que se afirmaba que ese año había sido el año de los MOOC debido a la gran atención que habían suscitado en los medios de comunicación y la repercusión a nivel mundial de los mismos.

  Los MOOC *(Massive Open Online Courses)* poco se diferencian en contenidos de los tradicionales cursos *online*. Su principal diferencia es que estos cursos están dirigidos a miles de personas al mismo tiempo, con lo que permite una serie de interacciones y actividades que no pueden darse en un tradicional curso *online*.

- **APP:** ya existían en diferentes formas y con diferentes objetivos anteriormente. No obstante, 2013 fue el *boom* de las App en el mercado de telefonía móvil. Los *smartphones* habían llegado masivamente a la población, y estos dispositivos permiten la conectividad permanente, y el uso de las aplicaciones en cualquier espacio o lugar. En el mercado existen cantidad de App de contenido educativo (idiomas, historia, alimentación, etc.) y otras que, sin tener una finalidad educativa, pueden ser integradas y usadas para tal fin.

Las principales **características** de la educación *e-learning* son las siguientes:

- El modelo educativo *e-learning* elimina las barreras de la distancia, permitiendo que se pueda dar el proceso educativo sin tener que estar de forma presencial en un espacio determinado. A través de internet puede participar en una formación cualquier persona que tenga conexión en cualquier lugar del mundo.

- Se puede producir de forma síncrona o asíncrona, es decir, podemos tener una formación para lo que será necesario estar conectado a la plataforma LMS en un momento determinado, o también se puede dar de forma asíncrona, donde es el propio alumnado el que decide en qué momento está disponible para realizar el aprendizaje o interaccionar con los elementos educativos.

- Se trata de una formación flexible, que permite la diversidad de los métodos de enseñanza/aprendizaje. Además, cada persona puede establecer su propio ritmo de enseñanza/aprendizaje, y permite diferentes opciones para combinar con enseñanzas presenciales.

- El alumnado se coloca en el centro del proceso de enseñanza/aprendizaje, participando de manera activa en la creación y construcción de dicho proceso.
- Los tutores y/o profesores se convierten en guías del alumnado, realizando el acompañamiento y facilitando los procesos formativos.
- Permite gran variedad de contenidos multimedia (texto, vídeo, audio, animaciones, gráficos...), además de la actualización permanente de los mismos.
- Facilita la interacción y comunicación entre todos los miembros de la comunidad educativa que participan del proceso formativo.
- El *e-learning* aporta tanto a estudiantes como a profesorado e instituciones o empresas un considerable ahorro de recursos, ya que evita gastos de transporte, mantenimiento de espacios o servicios básicos.

 ACTIVIDAD COMPLEMENTARIA

1. Investiga el precio del máster de profesorado en una universidad privada *online* y el de una universidad privada presencial.

4. Ventajas e inconvenientes de la formación en línea

☞ **HILO CONDUCTOR**

Llegados a este punto, Luis, de la academia de inglés Aprende+, está sopesando cuáles son las principales ventajas e inconvenientes de implementar dicha formación en su academia.

Las ventajas de la formación *e-learning* con respecto a los modelos tradicionales de enseñanza son las siguientes:

Permite un mayor número de alumnos/as por clase
- Al no tener limitaciones de espacio, el número de alumnado que puede realizar la formación puede aumentar, lo que puede también influir en el coste de las acciones formativas.

Es un modelo educativo más económico
- Para el alumnado evita desplazamientos, lo que se traduce en un coste menor. Además, para la empresa que desarrolla la acción formativa también supone una ventaja, ya que permite el ahorro de mantenimiento de infraestructuras. Además, aunque el coste de poner en marcha las acciones inicialmente puede ser elevado, en las siguientes ediciones los gastos son mínimos, por lo que se amortiza el gasto inicial.

Es más flexible
- No depende de horarios ni espacios, lo que permite conciliar los estudios con la vida laboral y/o familiar.

Es un aprendizaje colaborativo
- Promueve una alta dosis de participación e interacción por medio de foros, chats, etc.

El alumnado es el centro del proceso educativo
- Puede regular su proceso de aprendizaje y adaptarlo a sus necesidades.

Es una formación individualizada
- El docente conoce el nivel en el proceso educativo de cada alumno/a y puede guiar de forma individual su proceso.

Los principales inconvenientes que se producen en las acciones formativas *online* son:

- **Alta tasa de abandono:** es necesaria la autodisciplina y la autogestión de las tareas por parte del alumnado.
- **Exige un nivel de conocimiento tecnológico mínimo:** por ello, no está al alcance de todo el mundo. Es necesario también contar con un dispositivo que permita la conexión, como ordenador, tableta o *smartphone* y, por supuesto, conexión a internet.
- **Ausencia del contacto personal con docentes y resto del alumnado:** se traduce en una ausencia de socialización, lo que puede llevar a la falta de motivación en el alumnado.

ACTIVIDAD COMPLEMENTARIA

2. Analiza con Luis las ventajas e inconvenientes que puede tener realizar cursos *e-learning* para su academia de inglés.

---

5. Los sistemas de gestión del aprendizaje (LMS)

 HILO CONDUCTOR

Luis ya ha tomado la decisión de implementar sus cursos en formación *e-learning*. Las ventajas y sus características le han hecho tomar esta determinación. Ahora ha llegado el momento de entrar a conocer los aspectos técnicos de dicho sistema de enseñanza/aprendizaje. Comenzará con lo básico: los diferentes sistemas de gestión del aprendizaje.

5.1. Definición y funciones de los LMS

A grandes rasgos, los LMS son plataformas destinadas a un uso educativo que tienen las siguientes funciones:

> Posibilita el acceso *online* tanto de docentes como de alumnado.

> Usa estándares para la visualización y tratamiento de los datos.

> Tiene una estructura de servidor/cliente, de manera que posibilitan retirar y depositar información.

> El acceso es restringido y selectivo, cada persona cuenta con unos permisos de acceso y roles diferentes.

Continúa en página siguiente >>

<< Viene de página anterior

> Integran diferentes elementos multimedia que posibilitan el proceso de enseñanza/aprendizaje: texto, vídeo, audio, animaciones, gráficos.

> Permiten la actualización y edición de la información.

> Posibilitan organizar y estructurar la información, de manera que quedan diferenciados distintos espacios de trabajo.

DEFINICIÓN

LMS *(Learning Management System)* o sistema de gestión del aprendizaje *online*
Es un *software* que permite organizar, distribuir, monitorizar, evaluar y apoyar las diferentes actividades de un proceso de enseñanza/aprendizaje.

Las plataformas educativas LMS o EVA contienen una serie de herramientas para la gestión del proceso de enseñanza/aprendizaje, habitualmente divididas en dos bloques: una parte pública o de utilización y una parte privada o de administración.

El uso de cada persona que acceda al EVA va a estar determinado por los permisos que se otorguen para el acceso a cada persona. Así, habitualmente encontraremos a las personas que acceden a la plataforma divididas en diferentes roles:

> **Administrador/a** — - Se encarga del mantenimiento del servidor y de administrar los espacios, claves y privilegios.

> **Coordinador/a** — - Se encarga de la coordinación docente y organizativa de la formación en la plataforma, es el docente que diseña y se responsabiliza del desarrollo de la formación.

Continúa en página siguiente >>

<< Viene de página anterior

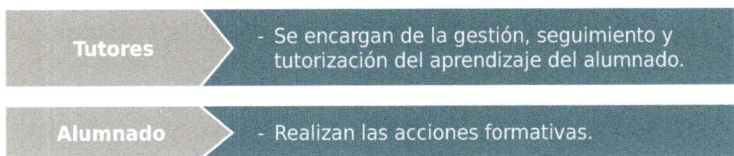

| Tutores | - Se encargan de la gestión, seguimiento y tutorización del aprendizaje del alumnado. |
| Alumnado | - Realizan las acciones formativas. |

En todos los sistemas LMS se pueden diferenciar tres ámbitos diferentes: técnico, comunicativo y didáctico. Basándonos en los trabajos de Torres y Ortega (2003), se pueden destacar las siguientes herramientas o capacidades de cada uno de estos tres ámbitos:

- **Ámbito técnico:** los sistemas LMS deben garantizar la solidez y estabilidad de los procesos de gestión. Para ello hay que tener en cuenta los siguientes aspectos:

  - La infraestructura técnica necesaria, su accesibilidad y complejidad.
  - Los costes de acceso y mantenimiento.
  - El nivel de conocimientos técnicos necesarios para su uso.
  - La facilidad en la navegación en los diferentes espacios de la plataforma.
  - Los sistemas de seguridad de datos, procesos y materiales.
  - La eficacia para la gestión de diferentes formaciones al mismo tiempo.
  - La posibilidad de generar altas y bajas en el alumnado, y el seguimiento de este.
  - Posibilidades de actualización.
  - Calidad organizativa y creativa.
  - Posibilidades de integración multimedia.
  - Posibilidades para la organización de los contenidos.
  - Posibilidades para la evaluación y seguimiento del proceso de enseñanza/aprendizaje por el alumnado.

- **Ámbito de la comunicación:** los sistemas LSM deben implementar sistemas para posibilitar la comunicación síncrona y asíncrona entre todas las personas involucradas en el proceso de enseñanza/aprendizaje, por lo que deben aportar la posibilidad de:

  - Disponibilidad de foros o grupos de debate.
  - Correo electrónico o sistema de mensajería.
  - Tablón de noticias.
  - Calendario.
  - Chat.
  - Videoconferencia.

◒ **Ámbito didáctico:** posibilidad de incorporación de actividades que permitan seguir una metodología de la educación fundamentada en métodos constructivistas, conductistas y cognitivistas, basándose en principios de:

◡ Orden y claridad didáctica.
◡ Contenidos secuenciales.
◡ Autonomía para la organización.
◡ Andamiaje cognoscitivo.
◡ Aprendizaje activo, significativo y cooperativo.
◡ Información y comunicación multimedia.

De forma general, todas las plataformas educativas LMS deben cumplir una serie de características básicas (Boneu, 2007):

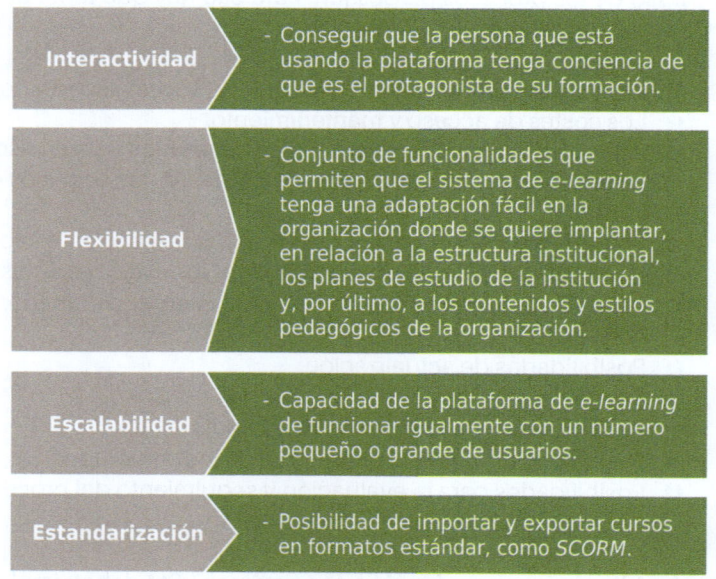

Interactividad - Conseguir que la persona que está usando la plataforma tenga conciencia de que es el protagonista de su formación.

Flexibilidad - Conjunto de funcionalidades que permiten que el sistema de *e-learning* tenga una adaptación fácil en la organización donde se quiere implantar, en relación a la estructura institucional, los planes de estudio de la institución y, por último, a los contenidos y estilos pedagógicos de la organización.

Escalabilidad - Capacidad de la plataforma de *e-learning* de funcionar igualmente con un número pequeño o grande de usuarios.

Estandarización - Posibilidad de importar y exportar cursos en formatos estándar, como *SCORM*.

5.2. *Moodle*

Se trata de una plataforma educativa o entorno virtual de aprendizaje (EVA) de código abierto desarrollada por Martin Dougiamas. Aunque partía de una idea de 1999, fue en agosto de 2002 cuando fue liberada su primera versión. En la actualidad cuenta con más de 200 millones de usuarios en todo el mundo y más de 145.000 sitios.

La plataforma *Moodle* nace con una filosofía basada en cuatro pilares fundamentales:

- **Constructivismo:** se basa en la idea de que cada persona construye su aprendizaje a medida que se relaciona e interacciona con los elementos de su entorno.
- **Construccionismo:** se centra en la idea de que el aprendizaje es verdaderamente significativo cuando tratamos de hacer llegar ese aprendizaje a los "otros", en otras palabras, aprendemos realmente cuando trasladamos nuestros conocimientos a los demás.
- **Constructivismo social:** expresa la idea de construir aprendizajes de forma colaborativa o colectiva, es decir, construir los significados y aprendizajes basándonos en las experiencias y las aportaciones del grupo de pertenencia.
- **Conectados y separados:** entendemos aprendizaje separado cuando alguien es capaz de mantenerse objetivo a las ideas de los demás y conservar sus propias ideas; el aprendizaje conectado consistiría en entender el aprendizaje de manera empática, poniéndonos en el lugar del otro. Por otro lado, el aprendizaje constructivista sería la unión de estos dos puntos de vista, sabiendo discernir cuál de las dos aproximaciones anteriores es la correcta en cada momento en concreto.

La filosofía con la que nace *Moodle* se transforma en una metodología de enseñanza basada en una pedagogía propia, que se caracteriza por los cuatro fundamentos siguientes:

- En los entornos colaborativos, todos los participantes pueden tomar el rol de alumnado o profesorado, ya que todos están abiertos y predispuestos a aprender y a enseñar, compartiendo el aprendizaje.
- La mejor forma de aprender es cuando tratamos de enseñar algo a los demás, de esa forma el aprendizaje es verdaderamente significativo.
- El aprendizaje constructivista surge a partir de entender y reflexionar sobre el contexto de las demás personas.
- El entorno de aprendizaje debe ser flexible y adaptable a las necesidades de todos los participantes.

A nivel técnico, las principales características de *Moodle* son:

- Está diseñado para albergar miles de cursos, por lo que incluye una clasificación por categorías y un buscador.
- Es personalizable por temas, colores, textos, etc.

- ⊃ Podemos trabajar con *Moodle* en más de 40 idiomas y ha sido traducido a más de 120 idiomas.
- ⊃ Usa para su funcionamiento bases de datos externas.
- ⊃ El sistema de administración de usuarios es muy seguro.
- ⊃ *Moodle* tiene el correo integrado, con protocolos IMAP, POP3 y NNTP.
- ⊃ Las escalas de calificaciones están personalizadas.
- ⊃ Tiene integradas herramientas de comunicación como chats, foros y encuestas.
- ⊃ Posee diferentes tipos de sistemas de evaluación adaptables a cada curso, como varios modelos de cuestionarios, evaluación de documentos, etc.

Para la instalación de *Moodle* es necesario contar con los siguientes requerimientos técnicos:

- ⊃ Un servidor web en funcionamiento (por ejemplo, Apache), una base de datos (por ejemplo, MySQL, Maria DB o PostgreSQL) y tener PHP configurado.
  PHP: hypertext preprocessor, es un lenguaje de código abierto utilizado en el desarrollo web y que puede ser incrustado en HTML.

```
!DOCTYPE html>
<html>
    <head>
        <title>Ejemplo</title>
    </head>
    <body>

        <?php
            echo "¡Hola, soy un script de PHP!";
        ?>

    </body>
</html>
```

- ⊃ *Moodle* va a requerir un cierto número de extensiones de PHP; en el proceso de instalación de *Moodle,* si es necesario instalar alguna más, lo hará de forma automática y se podrá volver a reiniciar la instalación.
- ⊃ Para poder configurar un correo electrónico será necesario un *Sendmail (Unix/Linux),* funcionando en el servidor, o acceder a un servidor de correo SMTP.

5.3. Otras plataformas

Aunque la plataforma LMS *Moodle* es en la actualidad la más usada, existen multitud de plataformas LMS que ofrecen diferentes alternativas y respuestas, de manera que para ofrecer una formación *online* a través de LMS se hace necesario realizar en primer lugar una investigación sobre qué plataforma ofrece más ventajas y recursos a nuestro planteamiento formativo en concreto.

Entre las plataformas más usadas y mejor posicionadas para los usuarios se encuentran las siguientes.

Google Classroom

Se trata de una plataforma educativa gratuita de código abierto (aunque prepara versiones de pago) y que además permite la integración de diferentes Apps, con lo que enriquece las clases *online*.

Google Classroom está creada con un interfaz de usuario bastante intuitiva e interactiva, por lo que permite una buena navegabilidad por la misma, tanto para profesorado como para alumnado.

Está pensado para una formación totalmente virtual, por lo que contiene herramientas para realizar todas las interacciones y actividades completamente *online* y en *streaming*. Desde esta plataforma se pueden controlar los espacios de debate, realizar evaluaciones, hacer comentarios a tiempo real, etc.

Se puede obtener en el siguiente enlace:

https://redirectoronline.com/ssce230102

Chamilo

Es un *software* de código libre o abierto, que fue desarrollado por la asociación Chamilo, según a la plataforma *Dokeos*. La base principal de la asociación Chamilo es difundir el uso de la plataforma a nivel mundial para conseguir que la educación libre pueda llegar a todas las partes del planeta.

El proyecto Chamilo nace con el objetivo de mejorar la educación a nivel mundial desarrollando un *software* sencillo y accesible a nivel técnico, garantizar que el producto sea 100 % de código libre y respetar el trabajo de los usuarios de la comunidad que contribuyen al crecimiento del proyecto.

Se puede descargar en el siguiente enlace:

https://redirectoronline.com/ssce230103

Blackboard

Otra plataforma de las más usadas a nivel mundial es *Blackboard,* también de código abierto. Está pensada para el aprendizaje totalmente *online,* por lo que integra actualizaciones periódicas y un soporte técnico para los usuarios.

Se puede acceder a la información y descarga de esta plataforma desde el siguiente enlace:

https://redirectoronline.com/ssce230104

LMS en *WordPress*

Es uno de los principales *softwares* a nivel mundial en creación y gestión de contenidos en internet, principalmente blogs y páginas web. Es decir, LMS *WordPress* no es un entorno virtual de aprendizaje al uso, sino que necesita de la adaptación de una serie de *plugins* o *themes* para hacer de *WordPress* un LMS.

La principal ventaja que ofrece esta plataforma es que se puede vincular un sitio LMS a una página web ya creada anteriormente con *WordPress*, y utilizarla sin necesidad de salir del sitio web. Su uso es más profesional, ya que necesita conocimientos previos en *WordPress* para poder gestionar sus contenidos.

Para descargar es necesario ser usuario de *WordPress* y añadir uno o varios de los *plugins* que se ofrecen.

Canvas

Esta plataforma es también una de las más usadas a nivel mundial, orientada fundamentalmente a universidades y escuelas.

Es una plataforma de código abierto y de gran usabilidad que permite, además, la creación de contenidos con bastante sencillez y la posibilidad de incluir enlaces a otros sitios de forma fácil y dinámica.

Se puede descargar a través del siguiente enlace:

https://redirectoronline.com/ssce230105

Microsoft Teams

Se trata de una plataforma de uso gratuito para centros educativos. Como ventajas cuenta con la facilidad de uso, que permite que los formadores o educadores configuren de forma sencilla aulas virtuales, organicen las tareas y compartan archivos de uso colaborativo en *Word, Excel* y *Power point* en tiempo real.

Incluye servicios de videoconferencia y mensajería supervisada para el alumnado, además de herramientas personalizadas para favorecer la atención a la diversidad en el aprendizaje, desde los niveles básicos educativos a los superiores.

Se puede descargar en el siguiente enlace:

https://redirectoronline.com/ssce230106

---

6. Herramientas básicas de navegación

👉 **HILO CONDUCTOR**

Una vez que Luis se ha informado sobre los diferentes LMS, acerca de sus ventajas y filosofía pedagógica, ha decidido trabajar con la plataforma *Moodle:* es hora de ponerse manos a la obra. La academia de Luis es pequeña, por lo que será él mismo quien implementará los cursos de formación en *e-learning.* Para llevar a cabo dicha tarea, Luis deberá conocer todos los aspectos relativos al funcionamiento de esta plataforma, de modo que comenzará por el principio: las herramientas básicas de navegación en *Moodle.*

Para crear una cuenta en *Moodle* simplemente acceda al enlace de la plataforma y puede comenzar a incluir sus datos, la página le solicitará una serie de información, así como el nombre de la plataforma que va a usar y sus usos.

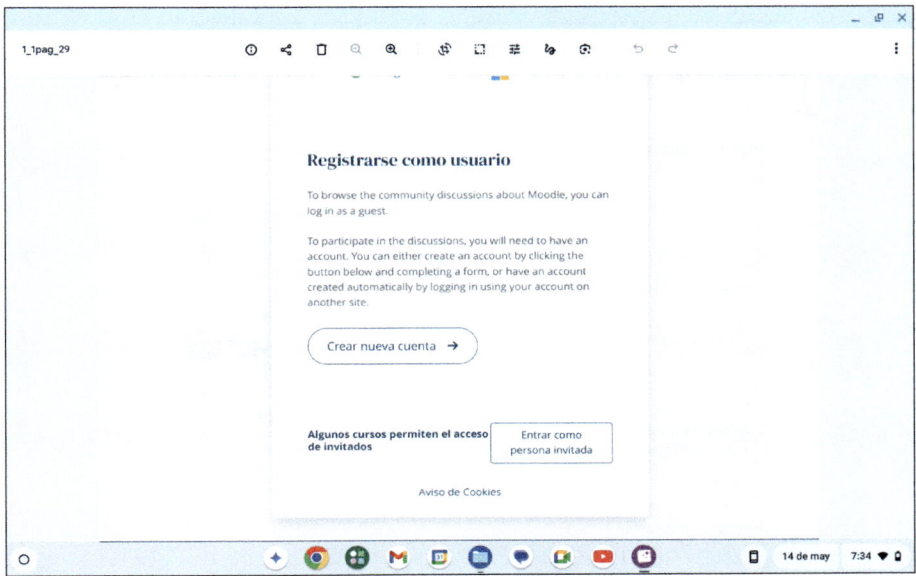

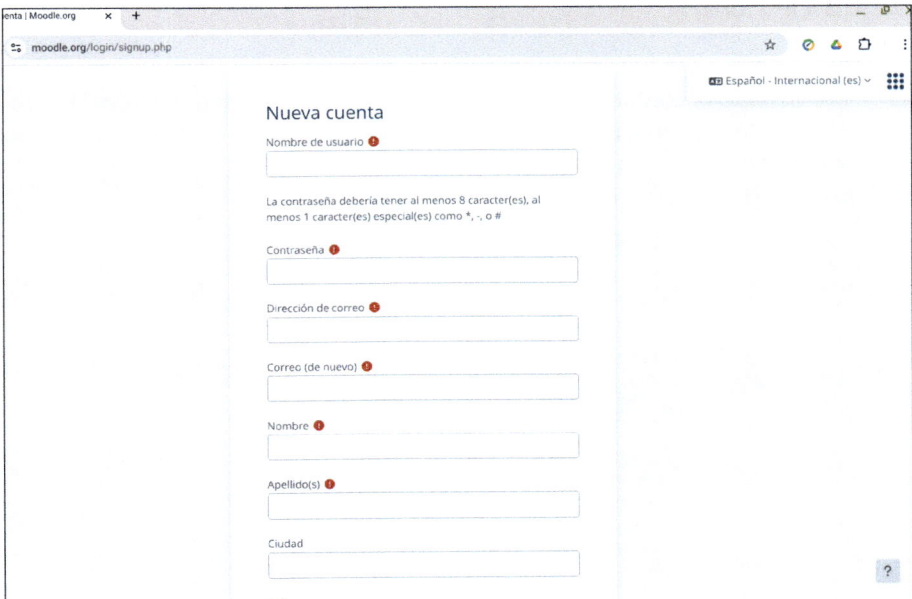

Imagen de la web para crear nueva cuenta

Tras la identificación se abrirá una página donde aparecerá su perfil, con los datos que ha ingresado, la imagen será como la siguiente:

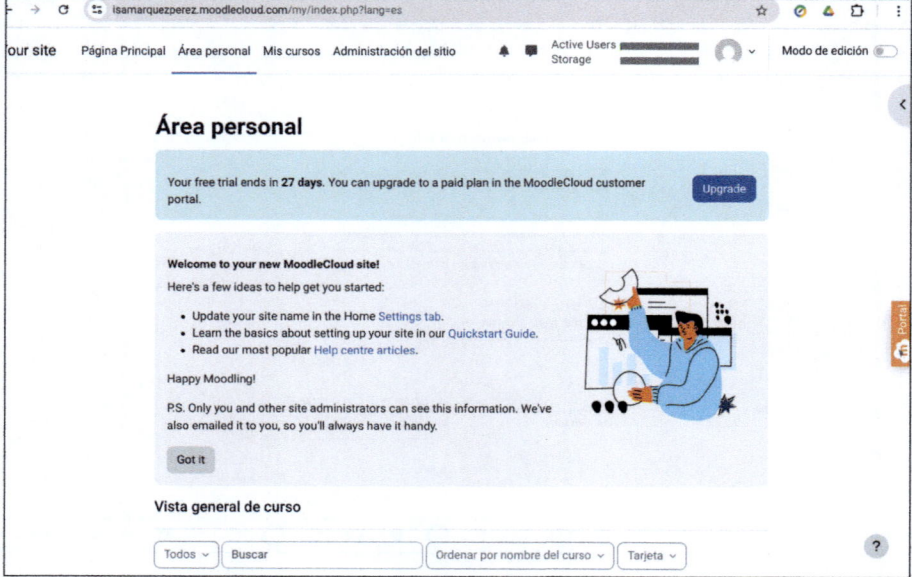

Área personal de la plataforma

Por defecto la plataforma se cargará en inglés, para acceder a la configuración del lenguaje debe acceder a su perfil y seleccionar el idioma desde ese apartado:

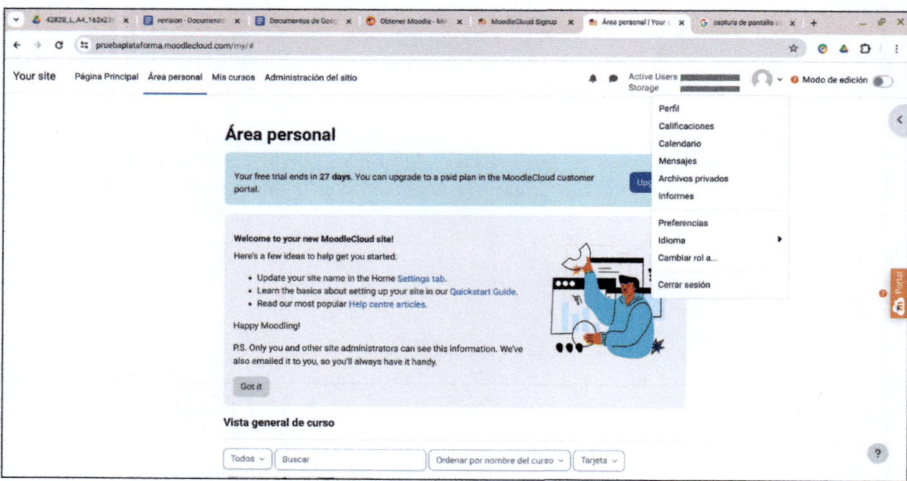

Vista del área personal

Desde la página principal de *Moodle* podrá acceder a sus cursos e iniciar la creación de un curso en *Moodle:*

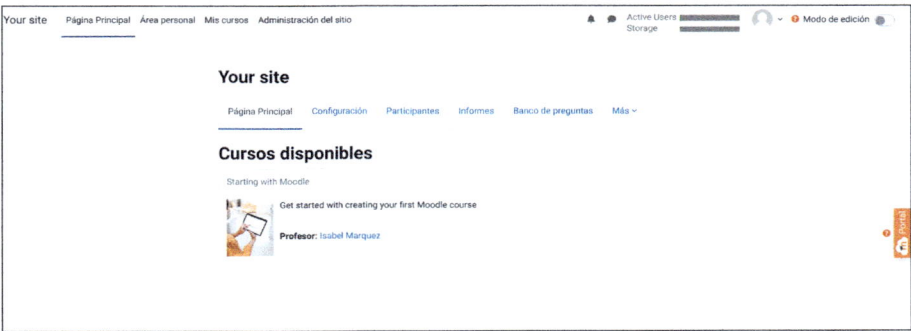

Vista de los cursos disponibles en su cuenta

Importante, para acceder a la edición del curso *Moodle* en la plataforma, deberemos activar el **Modo de edición:**

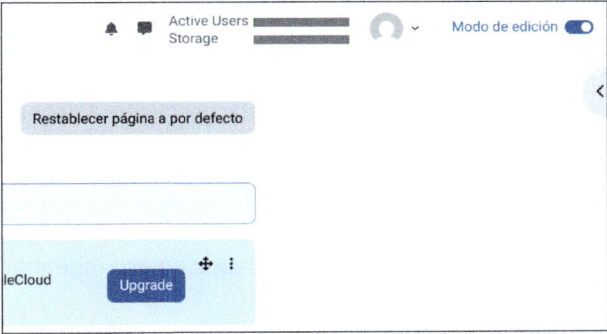

Opción para activar el modo edición

Lo primero que encontraremos al acceder a *Moodle,* una vez nos hayamos identificado con nuestro usuario y contraseña, es la portada de usuario, en la que podemos encontrar nuestros cursos:

Ejemplo de portada alumno (© Imagen: Campus Virtual IC Grupo / demo.sputnic.online)

En esta portada aparecerá el nombre del curso o acción formativa, el perfil de usuario, los cursos, los bloques de información (como calendario, novedades, etc.) y el bloque de navegación.

Podemos personalizar la portada; también los administradores del curso. De esta forma, el alumnado tendrá acceso para realizar unas acciones u otras.

En la parte superior derecha aparecerá el perfil de usuario. Si entramos en el menú de usuario o perfil, podremos establecer las diferentes opciones para la configuración de nuestro perfil personal, como fotografía, nombre de usuario, etc. No obstante, los administradores del curso pueden también delimitar si las personas pueden o no acceder a modificar estos datos.

Una vez vamos accediendo y clicando sobre los diferentes elementos de la portada principal, aparecerá en el lado superior izquierdo la barra de navegación que nos irá indicando cuál es la ruta que hemos seguido para llegar hasta el lugar en donde nos encontramos en ese momento. Un ejemplo se puede ver en la siguiente imagen:

Una vez hemos accedido a nuestro perfil, ya podemos comenzar a gestionar nuestro curso de formación, para ello *Moodle* habilita las siguientes opciones:

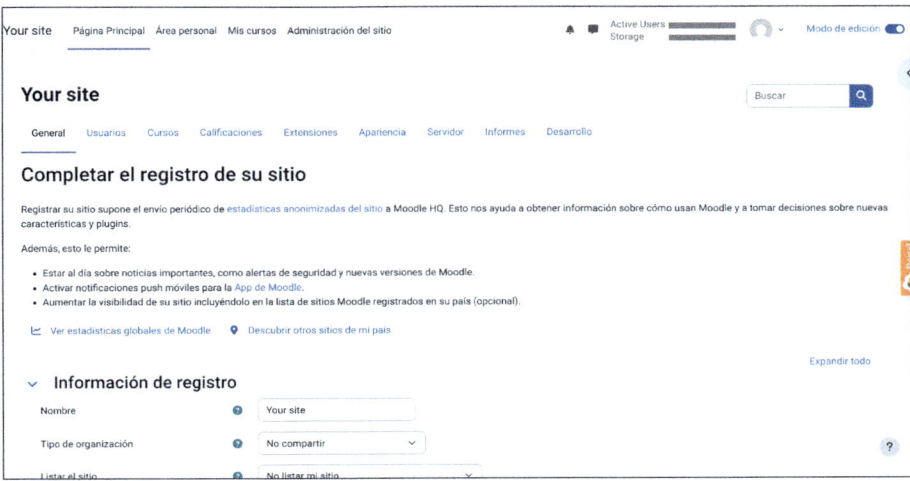

Opciones de Moodle

Si hacemos clic en **Crear un nuevo curso**, *Moodle* nos habilitará una serie de información de configuración que debemos ir seleccionando e introduciendo, de acuerdo a la programación formativa que hayamos realizado, de esta manera, el asistente de *Moodle* nos ofrecerá una visión clara de las opciones y preferencias que debemos establecer para la realización de nuestro curso:

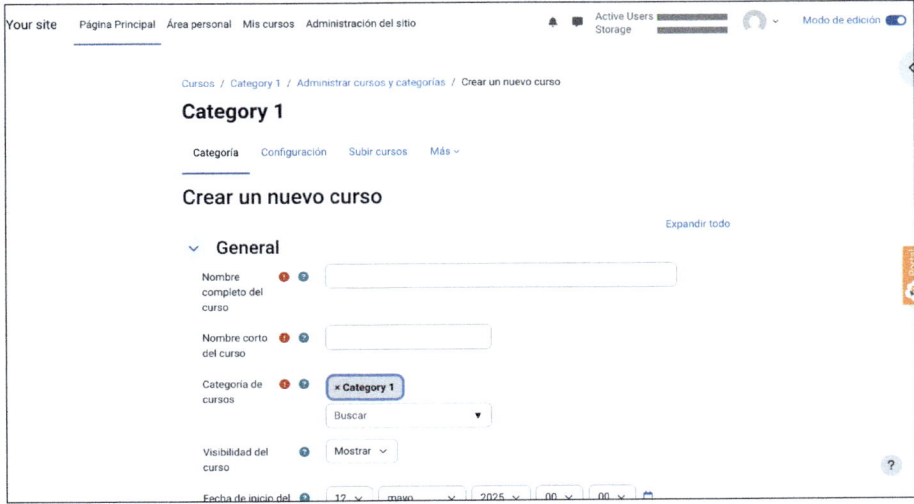

Opciones y preferencias para crear nuevo curso

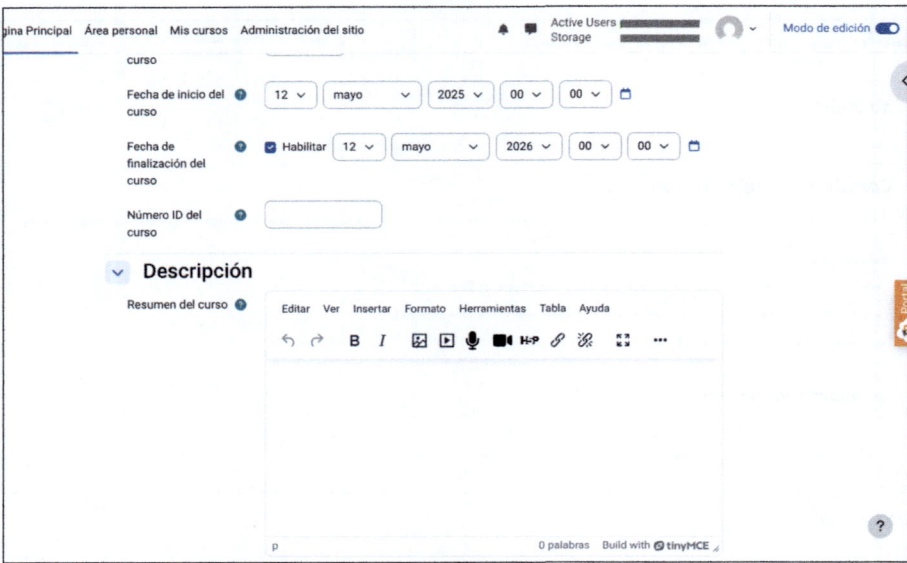

Opciones de fechas de inicio y fin del curso y descripción

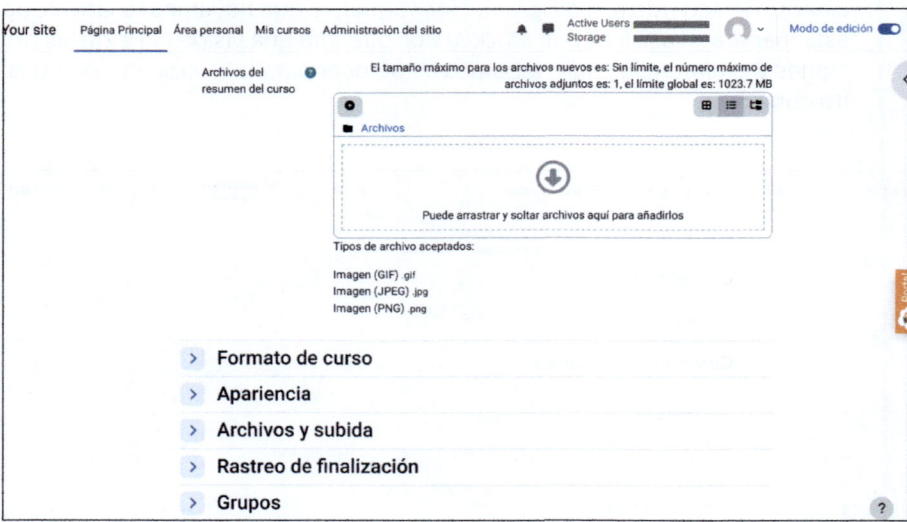

Opción para adjuntar archivos

7. Recursos de *Moodle* para el soporte a la docencia

👉 **HILO CONDUCTOR**

Una vez que el director de la academia Aprende+ ya reconoce el sistema básico de *Moodle,* se centra en aprender los diferentes tipos de recursos que la plataforma ofrece para la organización de los contenidos educativos en los cursos. De esta manera, podrá adaptar sus cursos de formación a la modalidad *online* enriqueciendo al máximo el proceso de enseñanza/aprendizaje.

- -

La plataforma *Moodle* ofrece multitud de recursos para el desarrollo de las acciones formativas. Estos recursos estarán al alcance de las personas encargadas de diseñar y gestionar dichas acciones, para combinarlos entre sí de la mejor manera que consideren apropiada para el adecuado desarrollo de los cursos.

Para la inclusión de actividades o recursos *Moodle* nos facilitará una serie de recursos "recomendados", que son aquellos más usados habitualmente, como se muestran en la siguiente imagen:

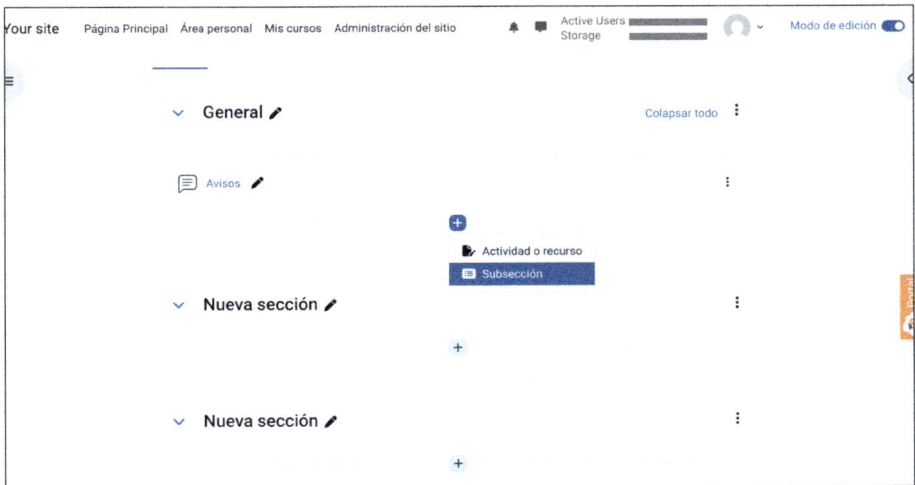

Opción para añadir actividad o recurso

O bien, si clicamos la pestaña **Todos,** nos mostrará todas las actividades y recursos que podemos crear para nuestra acción formativa:

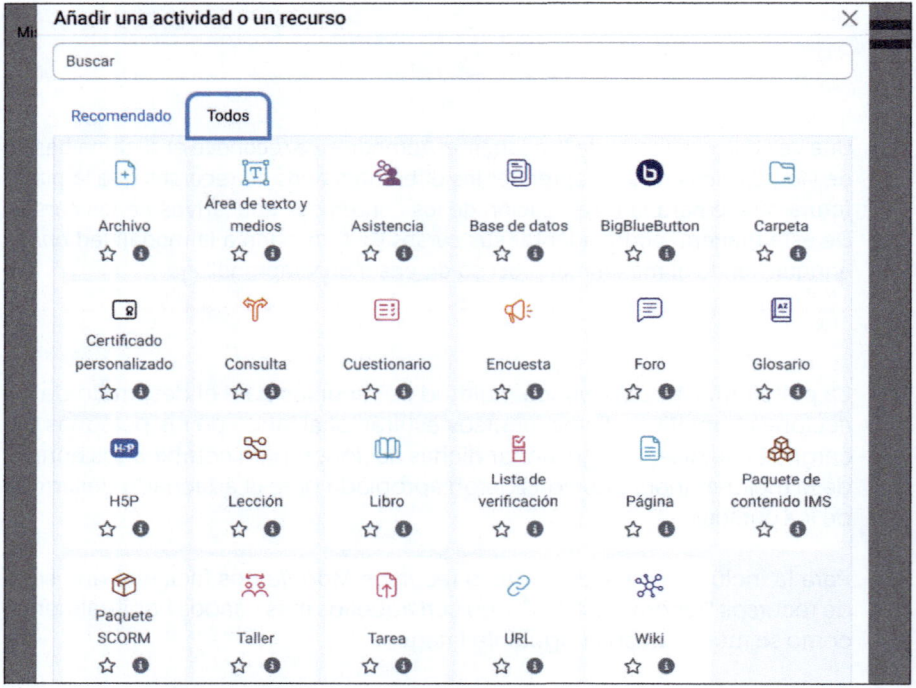

Opciones de actividades y recursos que ofrece la plataforma

7.1. Foros

El módulo de Foro como actividad de aprendizaje, permitirá a las personas participantes mantener discusiones de forma asíncrona, es decir, podrán extenderse en el tiempo sin necesidad de que todos los participantes estén conectados al sistema a la vez.

Moodle permite la creación de cinco tipos de foros de debate:

- ⮎ **Foros de debate sencillo:** donde se propone un tema de conversación al que cualquiera de los participantes puede responder.
- ⮎ **Foro de debate donde cada persona plantea un tema:** los participantes de la acción formativa plantean temas de debate a los que cualquier persona puede responder.

- **Foro de preguntas y respuestas:** en este tipo de foros los participantes deberán responder a una pregunta planteada por el formador/a antes de pasar a poder responder a los demás.
- **Foro general con formato blog:** donde cada persona puede iniciar un nuevo debate en cada momento, en este tipo de foros los temas de discusión se muestran en una página con enlaces.
- **Foro para uso general:** se trata de un foro abierto donde cada persona puede comenzar un nuevo tema de debate cuando quiera.

Cualquier elemento en los **Foros de Moodle** es personalizable por el formador, para poder adaptarlo al objetivo de la acción formativa. Las opciones que se nos mostrarán son las siguientes.

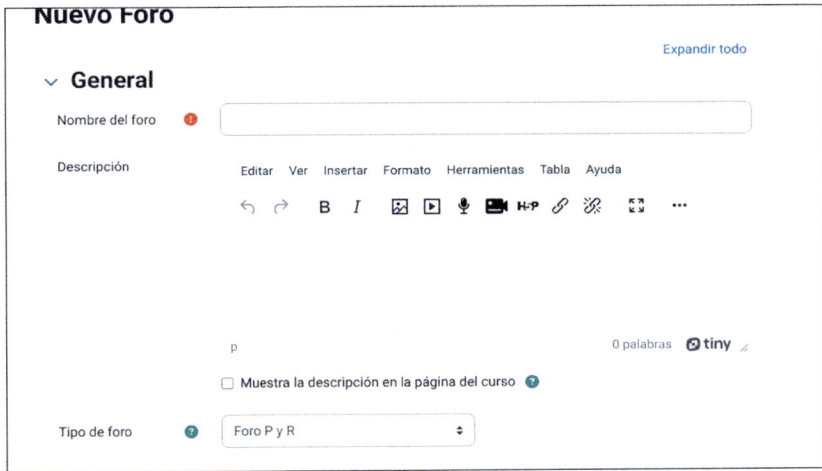

Opción para crear un foro nuevo

Este apartado nos aportará información general del Foro, tanto su nombre, como el tipo de foro que hemos seleccionado y la descripción del mismo que se mostrará al alumnado, también nos dará la posibilidad de incluirla descripción de dicho foro en la página principal del curso. Como se muestra en la imagen, la descripción no solo puede contener texto, sino que se pueden incluir diversos recursos como imágenes, audios o videos.

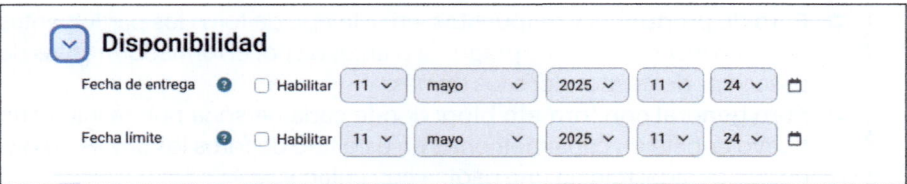

Opción para agregar fechas en las que estará activo el foro

En esta pestaña podremos seleccionar el tiempo que queremos establecer para que el foro permanezca abierto a la participación del alumnado, pudiendo coincidir con la temporalidad de la acción formativa, o en su defecto establecer foros para cada una de las unidades y acotar su temporalización.

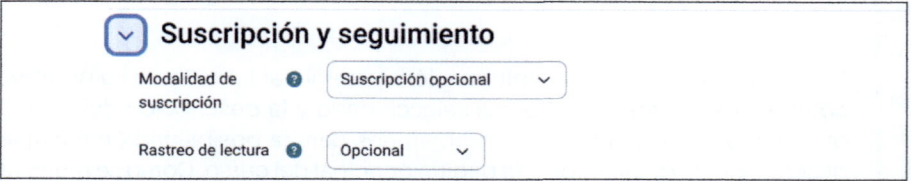

Opción para adjuntar archivos

Esta opción nos permitirá establecer el número máximo de palabras que el alumnado podrá incluir, así como la cantidad de archivos adjuntos, y el "peso de los mismos".

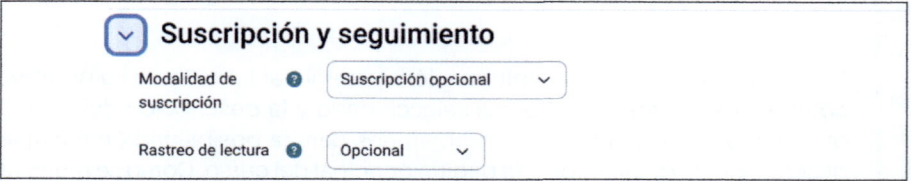

Seguimiento del alumnado en el foro

Esta pestaña nos facilitará la posibilidad de que el alumnado esté forzado a la participación en el foro, de manera que todo el alumnado participante en la acción formativa esté suscrito al foro, que la suscripción al mismo sea opcional, para que pueda participar el alumnado que quiera, que la suscripción esté deshabilitada, o que se realice forma automática, de manera que todo el alumnado esté inscrito de inicio, pero que puedan deshabilitar esta opción si no les interesa.

La opción rastreo de lectura permitirá al alumnado rastrear el seguimiento y lectura que hacen de los mensajes del foro. Si se selecciona forzar seguimiento de lectura, el seguimiento de los mensajes leídos y no leídos estará siempre habilitado para el alumnado, independientemente de sus preferencias.

Opción para bloquear comentarios

Esta opción permitirá bloquear determinadas discusiones en el foro tras un tiempo de actividad, que pueden ser meses o semanas.

Opción para bloquear mensajes en el foro

Esta opción nos servirá para impedir que el alumnado realice aportaciones a los foros fuera de un determinado espacio temporal.

Vista de la clasificación del alumnado en el foro

Se puede seleccionar la evaluación de la participación en el foro mediante las opciones de escala o de puntuación. Para la escala se nos desplegará una opción en la que se podrá elegir entre: presencia-ausencia, escala de competencia predeterminada, útil-inútil, satisfactorio-no satisfactorio-pendiente, muy pobre-pobre-medio-bueno-excelente.

Si seleccionamos la opción puntuación, en lugar de escala, se nos mostrarán las siguientes opciones:

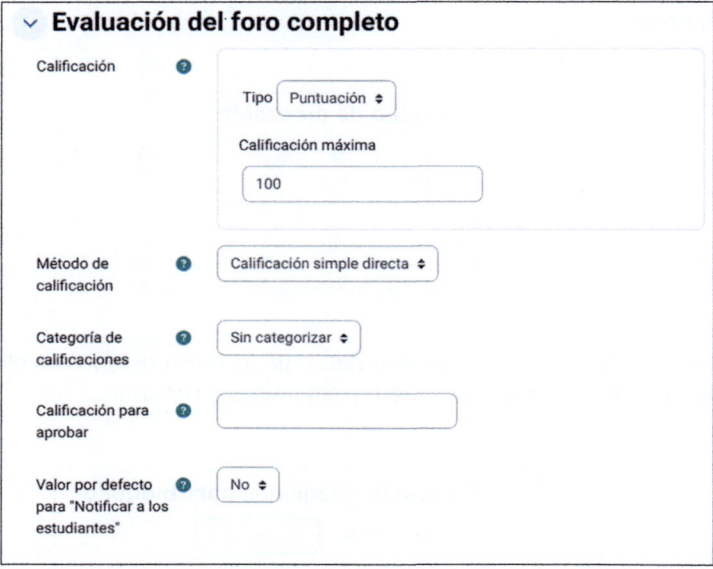

Opciones en la evaluación del foro

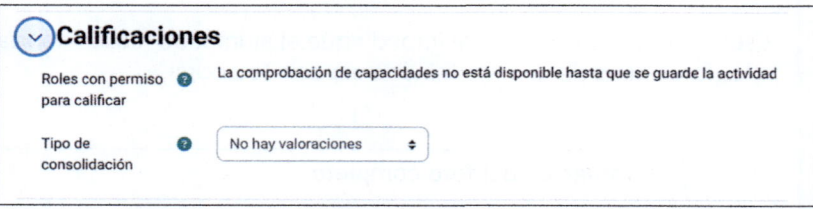

Opción de permiso para realizar la evaluación

En este apartado podremos seleccionar aquellas personas con roles con permisos para realizar evaluaciones, por otro lado podremos elegir también el tipo de consolidación que se va a hacer de las calificaciones definidas en el foro, en el libro de calificaciones de cada alumno/a.

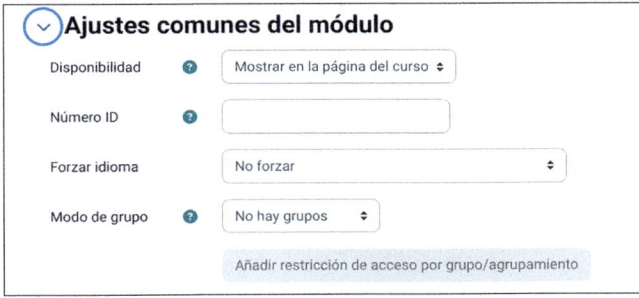

Ajustes del módulo

Esta pestaña nos permitirá la modificación de las opciones de disponibilidad del foro (recordemos que esto se ha seleccionado en la primera opción), por otro lado nos permitirá la creación de un número o código de identificación del foro, de manera que podamos luego identificarlo como una actividad para las calificaciones, se puede seleccionar si forzar o no el idioma en que se desarrolla el foro, así como el modo de grupo, esta opción nos permitirá crear grupos de trabajo con el alumnado, de manera que tengan foros para cada grupo y que sus conversaciones puedan producirse entre los miembros de dicho grupo, por ejemplo para la creación de trabajos grupales.

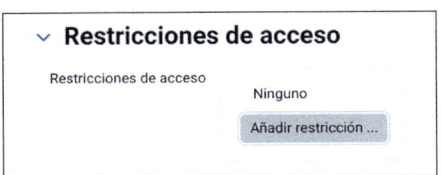

Opción de la restricción de acceso. Se debe pulsar en Añadir restricción

Las restricciones de acceso nos darán paso a la selección de las siguientes opciones:

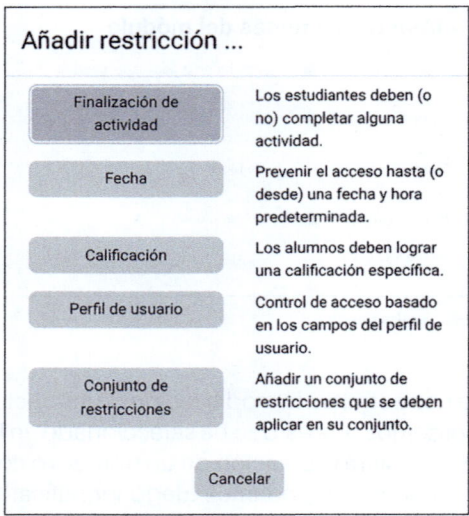

Opciones de la restricción de acceso

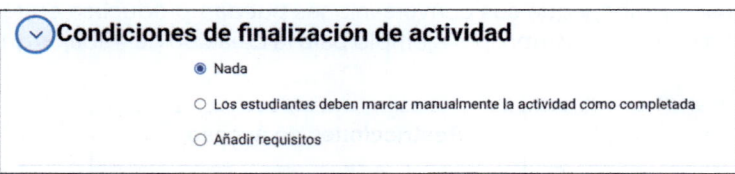

Opciones para la finalización de la actividad en el foro

Con esta opción se nos permitirá la creación de unos determinados requisitos para la finalización de la actividad del foro.

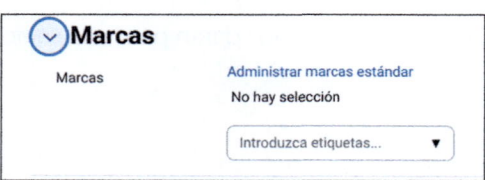

Nos permitirá la adición de etiquetas a los mensajes de un foro, estas etiquetas se podrán estandarizar, por ejemplo:

Ejemplo de estandarización de etiquetas

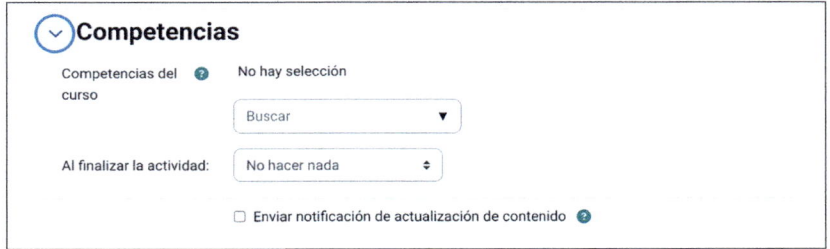

Esta pestaña nos permite la relación de competencias con cada foro o temática.

 **IMPORTANTE**

Por último, con respecto a los foros, debemos destacar que la participación en ellos se puede evaluar y se puede puntuar y obtener una calificación para cada persona, que se incluirá en el libro de calificaciones.

El profesorado cuenta con una serie de escalas de puntuación para calificar las actividades del alumnado.

TAREA 1

Imagina que acabas de crear un curso para aprender herramientas básicas de jardinería. Como profesor/a del curso, quieres que el alumnado participe y realice debates en los foros. ¿Qué herramientas podrías usar para fomentar esta participación?

- -

7.2. Tareas

Las tareas consistirán en un tipo de actividades o trabajos que el alumnado tendrá que completar en la acción formativa.

Al igual que en el caso de los foros, el asistente de *Moodle* para la creación de las tareas nos permitirá su completa personalización para que las podamos adaptar a nuestras acciones formativas, de esta manera tendremos que completar en su creación una serie de pasos.

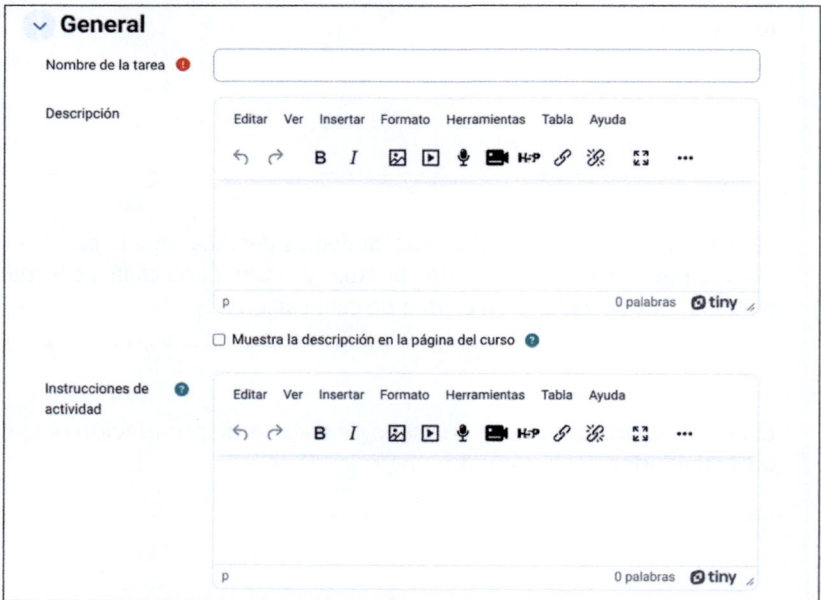

Opción para indicar una descripción de la tarea

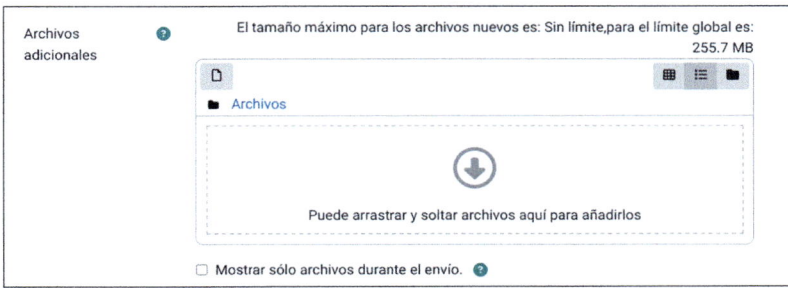

Opción para indicar el tamaño de la tarea

Completamos inicialmente la descripción general de la tarea, las instrucciones para su cumplimentación por parte del alumnado e indicaremos el tamaño de los archivos para ser subidos a la misma.

Ejemplo de las opciones disponibles para la entrega de una tarea

Indicaremos también la fecha de inicio de la tarea, así como la fecha límite de entrega de la misma. Durante este tiempo el alumnado podrá completar y enviar la tarea.

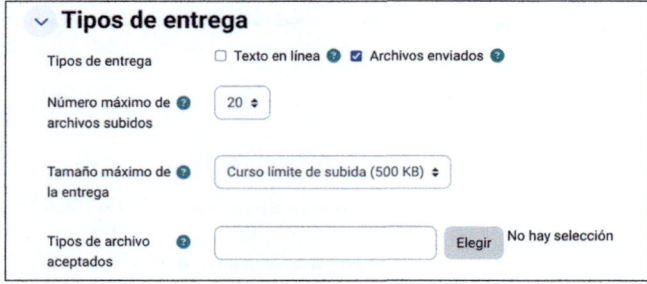

Opción de los tipos entrega de las tareas

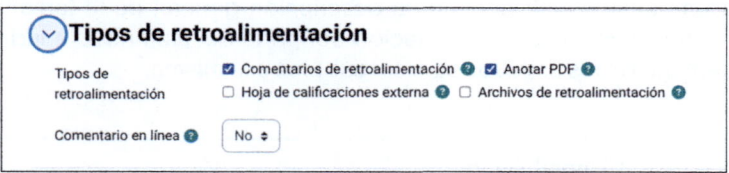

Tipos de estandarización

En tipos de entrega daremos a *Moodle* las especificaciones para la entrega de las tareas, y en retroalimentación si se dará *feedback* al alumnado del estado de la entrega y las anotaciones pertinentes a la misma.

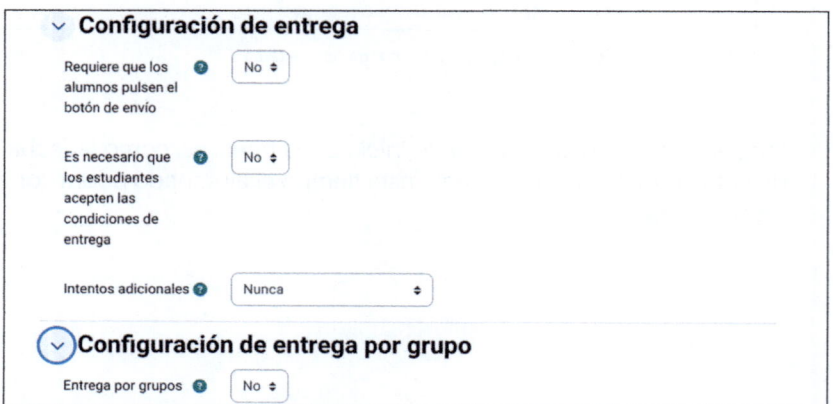

Opciones para configurar la entrega

En la configuración de entrega de la tarea determinaremos las acciones que deberá realizar el alumnado para la entrega de la misma, asimismo también podremos seleccionar la entrega por grupos.

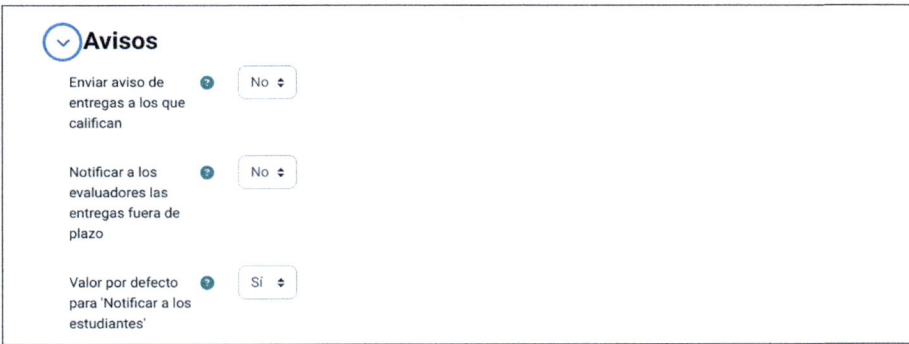

Podremos incluir en las tareas diferentes tipos de avisos para el alumnado, así como notificaciones para los evaluadores del estado de las entregas.

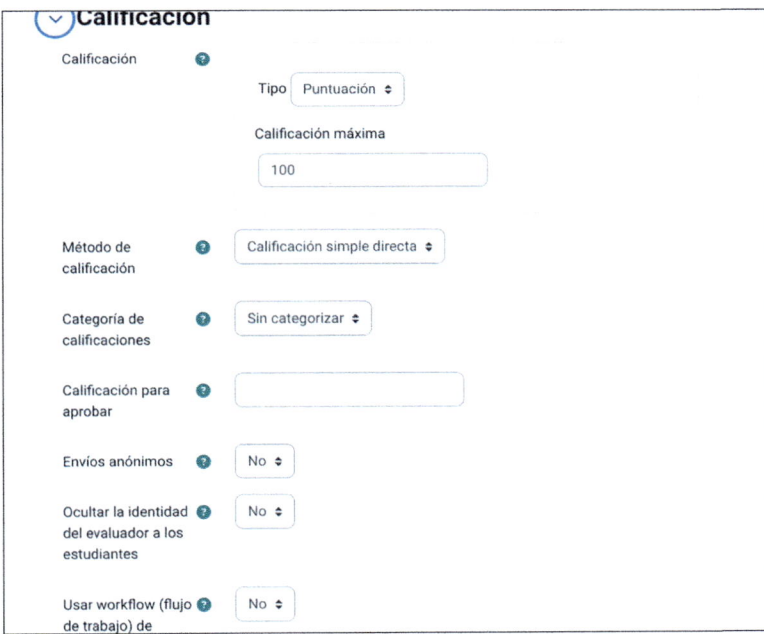

En la pestaña calificación podremos determinar y seleccionar entre los diferentes tipos de calificaciones y métodos de evaluación de la actividad realizada en dicha tarea, pudiendo seleccionar (al igual que en el caso del foro) entre la puntuación por escala o por puntuación directa, también podremos determinar si realizaremos evaluación simple directa, rúbrica o guía de calificaciones, y determinaremos el resto de las opciones que van a configurar la calificación de dicha tarea.

Si habilitamos el *workflow,* las calificaciones pasarán por una serie de etapas de flujos de trabajo, que nos permitirá que las calificaciones se realicen en rondas y lleguen al mismo tiempo al alumnado.

Al igual que en la actividad de foro, las tareas incluyen ajustes comunes del módulo como la inclusión de un número de identificación para la realización de las actividades, y la posibilidad de incluir restricciones de acceso.

Por último también se podrán incluir las condiciones para la finalización de la actividad, las marcas y las competencias asociadas a dicha actividad.

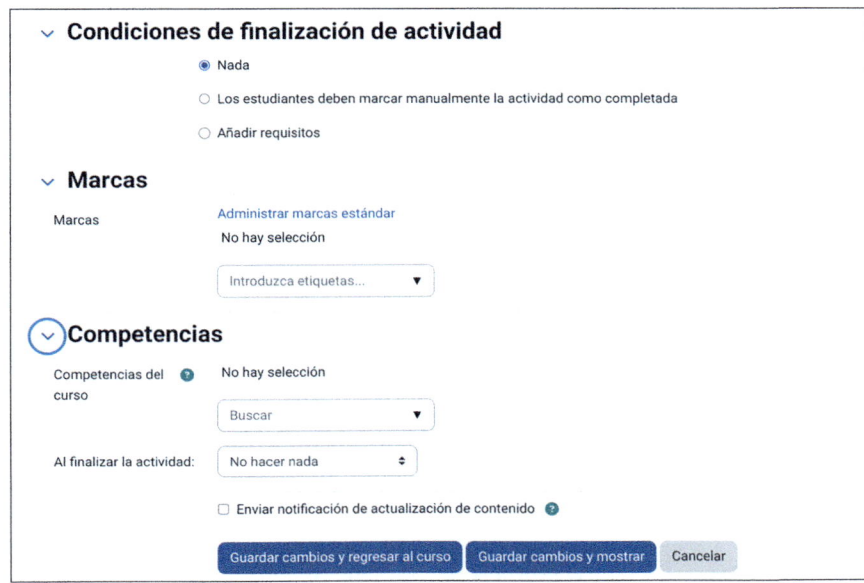

NOTA

Para la edición de texto en línea, *Moodle* usa el editor de texto *Atto*. De esta manera, podemos editar actividades que el alumnado tendrá que plasmar en la misma plataforma. Su aspecto y funcionamiento es similar al de cualquier editor de texto.

- -

El texto que se escribe en el editor se guarda automáticamente cada 60 segundos, de manera que puede estar accesible al alumnado para entrar y modificar en diversas sesiones. No obstante no se envía de forma automática, sino que será necesario pulsar en el botón **Enviar** para que al profesorado le llegue la actividad.

ACTIVIDAD COMPLEMENTARIA

3. Plantea una tarea al alumnado de un curso de diseño gráfico donde se está trabajando con imágenes en JPG.

7.3. *Wiki*

Otro recurso que aporta *Moodle* para el trabajo colaborativo son los *wiki*. Básicamente una *wiki* es una página web donde todo el alumnado puede participar de forma colaborativa en su creación. También permite la opción de que cada alumno/a cree su propia *wiki*.

Moodle aporta también una serie de ideas para trabajar con el recurso *wiki:*

- **Creación de apuntes de grupo:** de esta manera el alumnado tendría la posibilidad de combinar sus apuntes, de forma que perderían menos información de la clase, o se podría dar un sentido crítico a una determinada lección, o discutir determinados temas a través de la creación colectiva de los apuntes de clase.
- **Gestión de proyecto en grupo:** estableciendo grupos colaborativos pequeños, o de todo el grupo si este es reducido, este espacio se podría usar para la creación de un proyecto de trabajo grupal.
- **Lluvia de ideas:** una *wiki* también puede usarse como medio para que el alumnado aporte sus ideas sobre un determinado tema; asimismo, se pueden enlazar con otras páginas de trabajo colaborativo.
- **Contribuir a otras *wikis:*** el recurso *wiki* puede ser usado para contribuir a otras *wikis* ya publicadas anteriormente *(Wikipedia, Wikiversity,* etc.). Se puede asignar también como trabajo grupal, de manera que los resultados podrían ser publicados en estas otras *wikis*.
- **Narración colectiva de historias:** donde cada persona escribe un segmento de la historia, obteniendo al final una historia completa colectiva.

Al igual que en la edición de foros y tareas, *Moodle* nos presentará una serie de opciones de personalización de las *wiki,* básicamente serán las mismas que en foros y tareas, con alguna excepción determinada por el tipo de actividad.

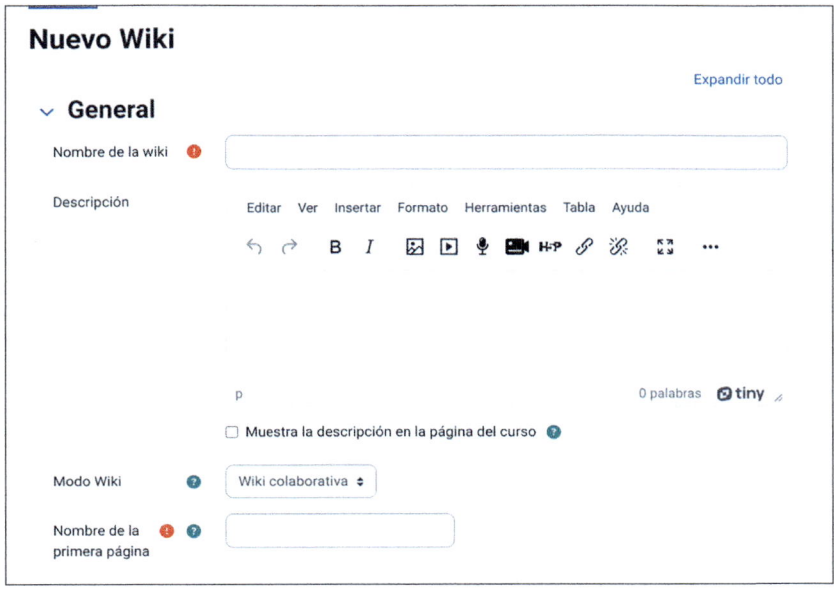

Opción para crear una nueva wiki

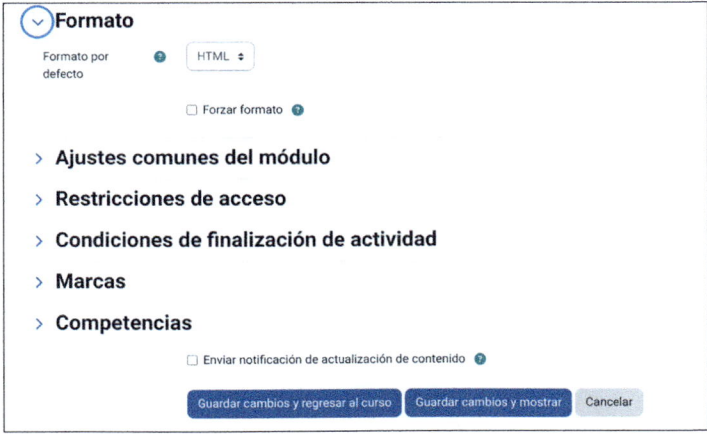

Opciones de formato

Además de las opciones personalizables para las actividades, en las *wiki* se podrá configurar el formato, por defecto se incluirá el HTML, pero podremos elegir también entre Creole o NWIKI, siendo cada uno de ellos un lenguaje de programación diferente.

Además podremos seleccionar en los aspectos generales entre las *wikis* colaborativas, o las *wikis* individuales, como realización de la actividad del alumnado. Igualmente podremos predeterminar un nombre que no se podrá cambiar, o dejarlo a elección del alumnado.

7.4. Taller

El recurso de taller es otra herramienta de *Moodle* enfocada al trabajo colaborativo. La idea principal es que cada estudiante elabore y envíe un trabajo y, al hacerlo, reciba varios trabajos de otros compañeros/as que debe evaluar, siguiendo las pautas que el profesorado determine para ello.

Para la realización de estos trabajos se puede usar el procesador de texto *Atto* y escribir directamente en la plataforma, o se pueden subir los archivos, como en la herramienta de tareas.

Esta herramienta es también personalizable, de manera que el profesorado puede ocultar la identidad del alumno, solicitar que cada uno evalúe también su propio trabajo, etc.

Tras la realización de esta actividad se muestran dos calificaciones por cada alumno/a en el libro de calificaciones: una que será la obtenida de la evaluación de su trabajo por sus compañeros/as, y otra resultante de la habilidad o acierto con que haya evaluado los trabajos de sus compañeros/as.

Como siempre el asistente para la creación del recurso Taller nos solicitará que introduzcamos los datos generales para la actividad, tras lo que nos solicitará que comencemos a definir los parámetros de la actividad.

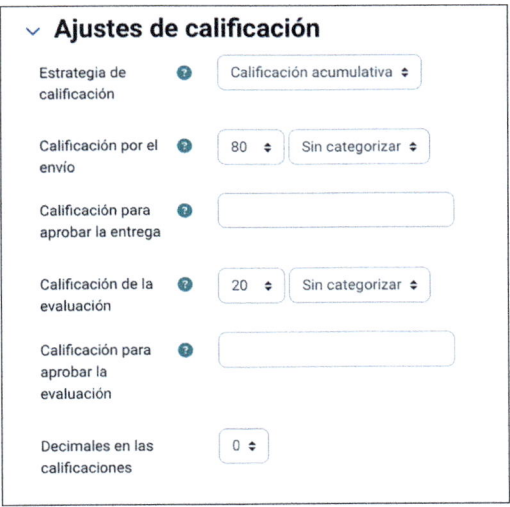

En la siguiente pestaña debemos determinar los ajustes de calificación, que van a determinar la forma de evaluación que se va a usar y el método de calificación de los envíos, para lo que se podrán tener cuatro opciones:

- **Calificación acumulativa:** en la que se realizan comentarios y calificaciones sobre los aspectos especificados.
- **Comentarios:** se podrán realizar comentarios sobre aspectos específicos, pero no otorgar calificación.
- **Número de errores:** se realiza una clasificación del tipo sí o no y comentarios sobre las afirmaciones realizadas.

⤵ **Rúbrica:** se evalúan de forma específica los criterios especificados.

En el apartado calificación por el envío se especificarán las calificaciones máximas permitidas para los trabajos enviados. En cuanto la calificación para aprobar la entrega determinará la calificación mínima para aprobar la tarea. La calificación de la evaluación determinará el valor máximo que podrá obtenerse al evaluar un envío, asimismo la calificación para aprobar la evaluación determinará el valor mínimo requerido para aprobar. En el último punto se nos permitirá incluir valores decimales a las calificaciones.

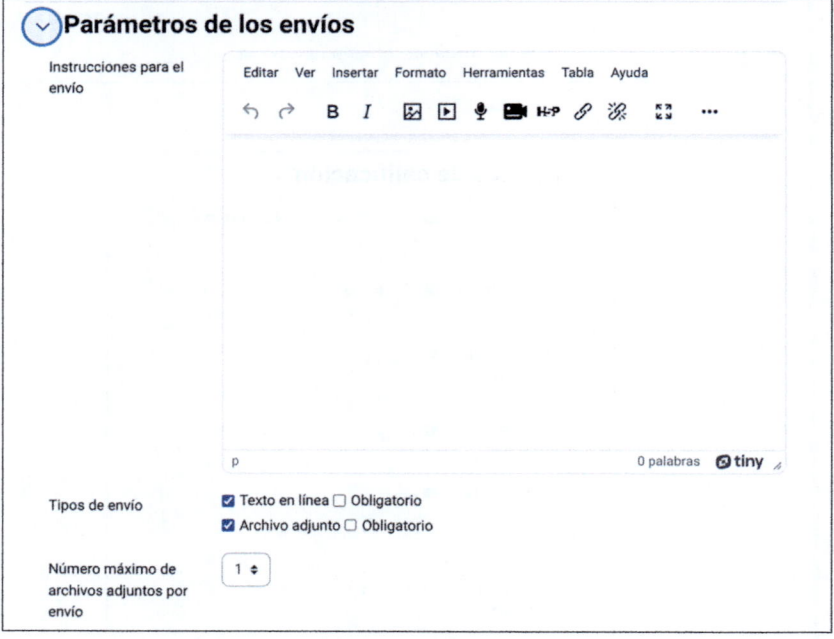

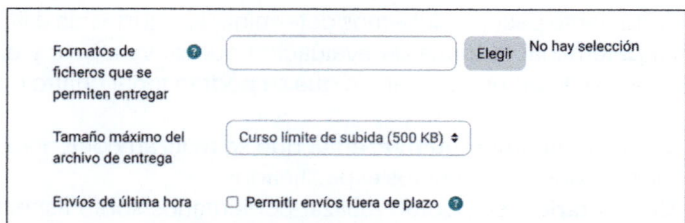

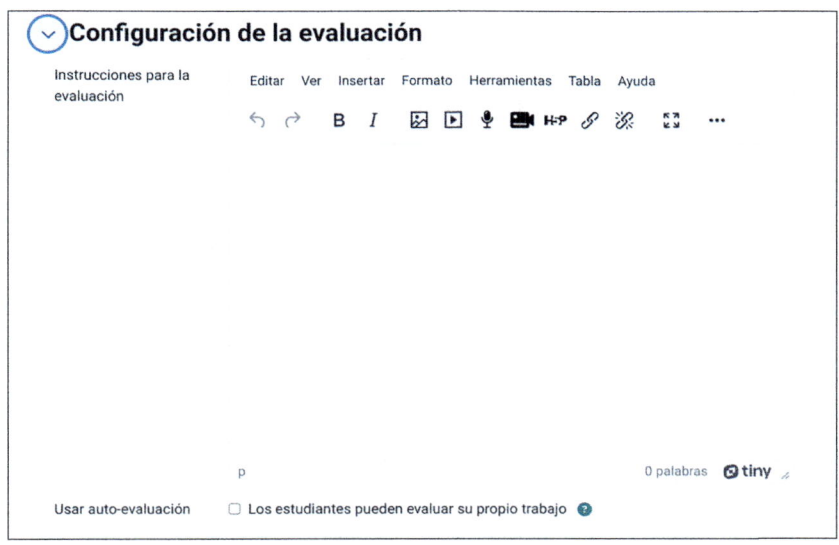

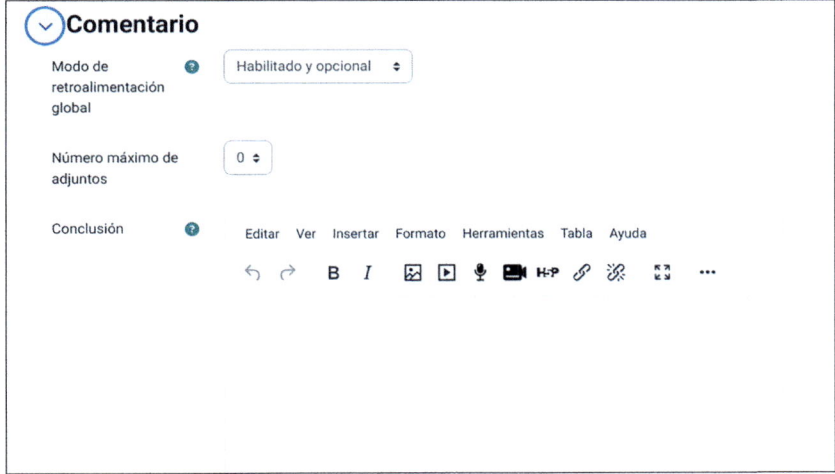

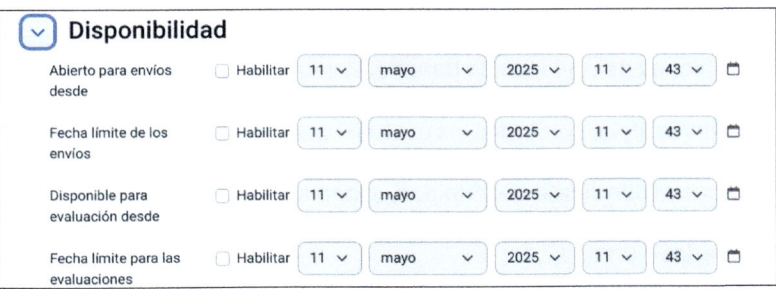

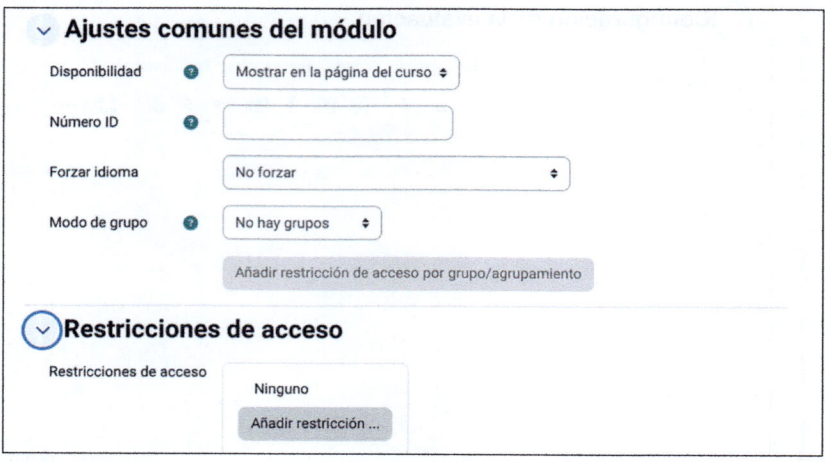

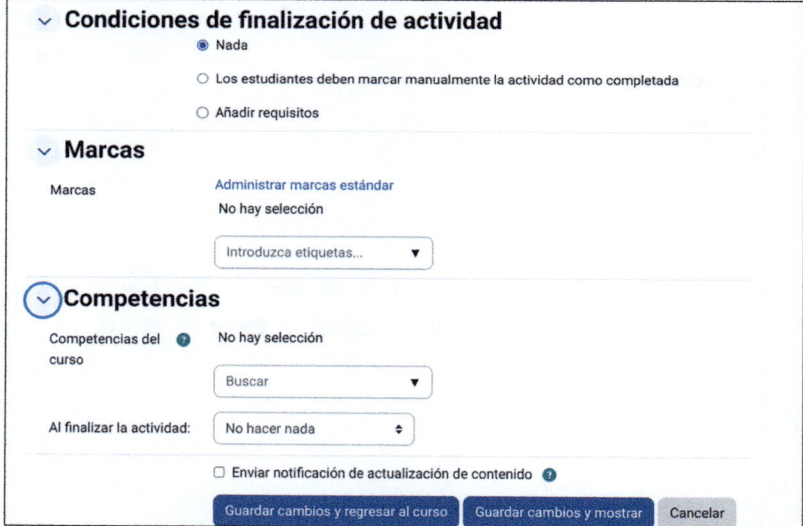

Desde *Moodle* se proporciona la siguiente tabla a modo de ejemplo de calificaciones de un taller. Se trata del sistema de evaluación de los talleres por parte de los compañeros de clase, cada uno asigna una puntuación dentro de una escala, con todas las evaluaciones de los compañeros al final se obtiene una nota para el trabajo. Cada uno de los símbolos viene explicado en su correspondiente descripción, si han sido evaluados, si están pendientes de evaluar, si el profesor también ha evaluado o no, si las notas están ponderadas o no:

Valor	Significado
- (-) < Alicia	Hay una valoración asignada que hacer por Alicia, pero no ha sido valorada ni evaluada todavía.
68 (-) < Alicia	Alicia valoró el envío, dando la calificación por envío de 68. La calificación por evaluación (calificación por calificar) aún no ha sido evaluada.
23 (-) > Bob	El envío de Bob fue evaluado por un par, recibiendo una calificación por el envío de 23. La calificación para esta evaluación aún no ha sido evaluada.
76 (12) < Cindy	Cindy evaluó el envío, otorgando la calificación de 76. La calificación por esta evaluación ha sido evaluada con 12.
67 (8) @ 4 < David	David evaluó el envío, otorgando la calificación por envío de 67, recibiendo la calificación por esta evaluación de 8. Su evaluación tiene ponderación de 4.
80 (20 / 17) > Eva	El envío de Eva fue evaluado por un par. El envío de Eva recibió 80 y la calificación por esta evaluación fue calculada en 20. El profesor ha anulado la calificación por calificar a 17, probablemente junto con una explicación para el revisor.

NOTA

En cuanto a la herramienta de taller, será muy importante determinar y conocer el sistema de calificaciones. Por un lado tendremos las calificaciones de cada envío realizado por cada estudiante, y por otro lado, las calificaciones para las evaluaciones realizadas por cada estudiante.

Para establecer una calificación para cada tarea enviada se establecerá una media ponderada de las evaluaciones de cada persona. El profesorado será el encargado de determinar en qué porcentaje de la nota podrá influir cada participante.

TAREA 2

Realiza la codificación de las tareas según el sistema de codificación de las evaluaciones de *Moodle* para los siguientes dos alumnos.

Continúa en página siguiente >>

<< Viene de página anterior

María evaluó el envío con una calificación de 58. La calificación por esta evaluación ha sido de 10. Hay una valoración pendiente para Manuel, que no ha sido ni valorada ni evaluada aún.

7.5. Glosarios

El módulo de actividad glosario permite a los participantes crear y mantener una lista de definiciones, de forma similar a un diccionario, o para recoger y organizar recursos o información.

Los usos más destacados del módulo de glosario pueden ser:

- ⊃ La creación de un registro colaborativo de términos clave.
- ⊃ Un espacio para el encuentro del alumnado, donde los estudiantes nuevos añadan su nombre y sus datos personales.
- ⊃ Un recurso con "consejos prácticos" con las mejores prácticas en un tema concreto.
- ⊃ Pueden constituir un lugar donde el alumnado pueda compartir diferentes recursos como audio, vídeos, etc.
- ⊃ Puede usarse a modo de recordatorio de eventos o elementos importantes del contenido.

En cuanto a este módulo, además de las características generales y el resto de parámetros comunes a todos los módulos se podrá configurar las entradas al glosario:

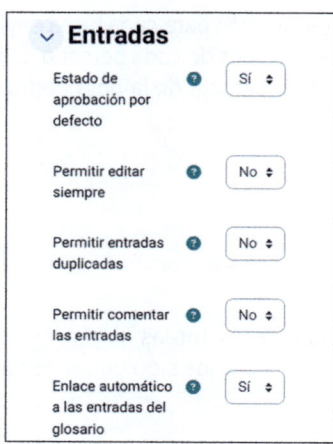

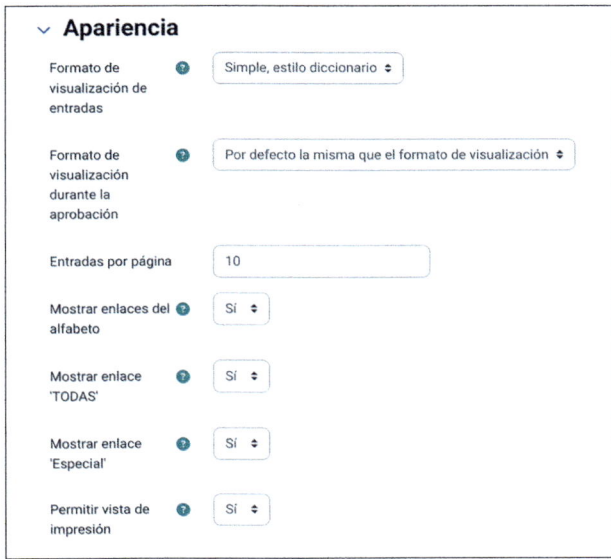

Y la apariencia en la que se mostrarán las entradas.

Además se podrá determinar:

- Que se adjunten archivos a las entradas.
- Las entradas al glosario se podrán buscar en orden alfabético o por categorías, fecha y autor.
- Las entradas al glosario podrán realizarse directamente o necesitar ser supervisadas.
- Puede habilitarse la vinculación automática para las palabras o frases que aparecen en el curso.
- Se pueden configurar comentarios en las entradas.
- El glosario puede ser también evaluado, para lo que se puede aplicar la evaluación por pares o la evaluación por parte de los profesores.

7.6. Ficheros o archivos

Este módulo de actividad va a permitir la subida de archivos al curso, como recursos didácticos.

Si el formato y el tamaño del archivo lo permite *Moodle* lo mostrará dentro del sistema de la interfaz de usuario, en el caso de no ser posible se dará la opción al alumnado de poder descargarlo en sus dispositivos.

Los diferentes usos que se pueden dar a este recurso son:

- ⮑ Para compartir presentaciones de contenidos.
- ⮑ Incluir una mini-web como recurso del curso.
- ⮑ Servir de borrador a los estudiantes para que editen los archivos y los envíen.

 **NOTA**

Se deberá informar al alumnado de que deben tener los *softwares* adecuados para que sean compatibles con los archivos que se van a subir al curso.

- -

Dentro de las opciones configurables de dicha actividad se encontrará la apariencia, que nos permitirá determinar cómo se va a mostrar el archivo al alumnado.

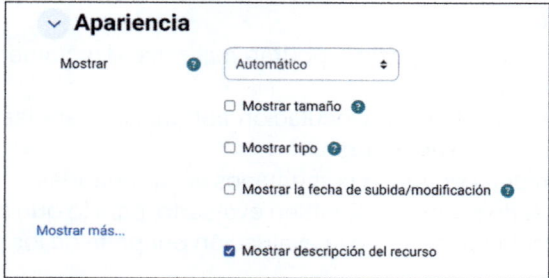

7.7. Enlaces

Este tipo de actividad de aprendizaje, permite al profesorado del curso que pueda vincular un enlace de internet como recurso para el alumnado, no necesariamente debe ser un enlace a una página web, puede ser también un enlace a un documento en línea, imágenes o vídeos.

Los enlaces nos permitirán establecer las opciones de visualización del mismo:

- **Automático:** *Moodle* seleccionará de forma automática cuál es la mejor manera de visualizar el enlace.
- **Incrustar:** para mostrar el contenido dentro de la página del curso.
- **Abrir:** de esta manera solo se mostrará el enlace en la ventana del navegador.
- **En ventana emergente:** para mostrar el contenido en otra ventana.
- **En marco:** la URL se mostrará en marco debajo de la barra de navegación.
- **Nueva ventana:** se mostrará en una ventana nueva del navegador.

NOTA

Los enlaces también pueden ser vinculados en otros tipo de actividades de aprendizaje, además de en este apartado específico.

El enlace o URL puede ser copiado y pegado por la persona que realiza el curso o también puede ser seleccionado de una serie de repositorios que *Moodle* tiene predeterminados como *Wikimedia,* o también configurarse otros repositorios como los siguientes:

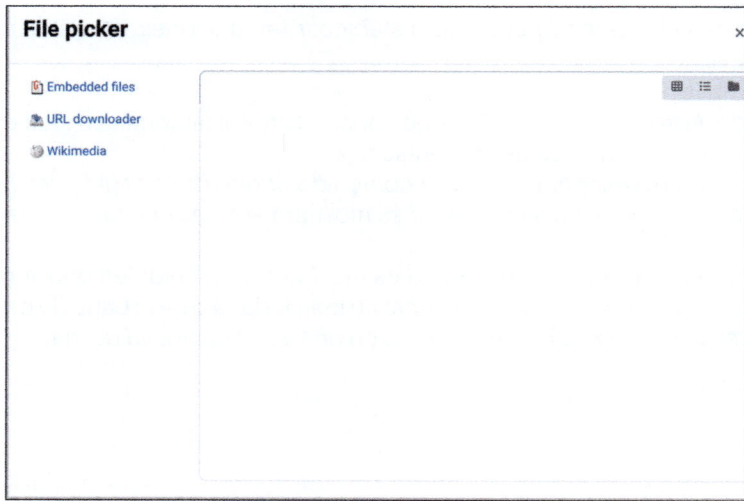

Repositorios predeterminados

Otros repositorios que no están preconfigurados, pero que pueden habilitarse, son:

- ⮞ **Box:** se puede configurar el enlace para importar los archivos desde la cuenta de *Box.*
- ⮞ **Dropbox:** se pueden enlazar o importar archivos desde la cuenta de *Dropbox.*
- ⮞ **EQUELLA:** enlace hacia archivos en *EQUELLA.*
- ⮞ **Repositorio_sistema_de_archivo:** enlace a archivos subidos a una carpeta en su servidor (por ejemplo, mediante FTP).
- ⮞ **Flickr:** para crear enlaces a la cuenta personal de *Flickr.*
- ⮞ **Flickr público:** para enlazar e importar imágenes desde *Flickr.*
- ⮞ **Google Drive:** permite enlaces de archivos a la cuenta de *Google Drive.*
- ⮞ **Merlot.org:** para enlaces a recursos desde Merlot.org.
- ⮞ **Vídeos de *YouTube:*** permite enlazar a vídeos de *YouTube.*
- ⮞ **Otros:** *Picassa, Amazon S3, OneDrive* y *WebDAV.*

7.8. Otros

Debemos hacer mención a los portafolios y a *H5P,* abreviatura de paquete *HTML5* que permite a los educadores crear contenido como, por ejemplo, presentaciones, exámenes y vídeos interactivos.

En *Moodle* existen dos opciones para incluir contenidos creados con *H5P* en el material de las formaciones. La primera de ellas es subir el contenido que previamente se ha creado o enriquecido en *H5P;* la segunda opción es crear directamente el contenido en la plataforma.

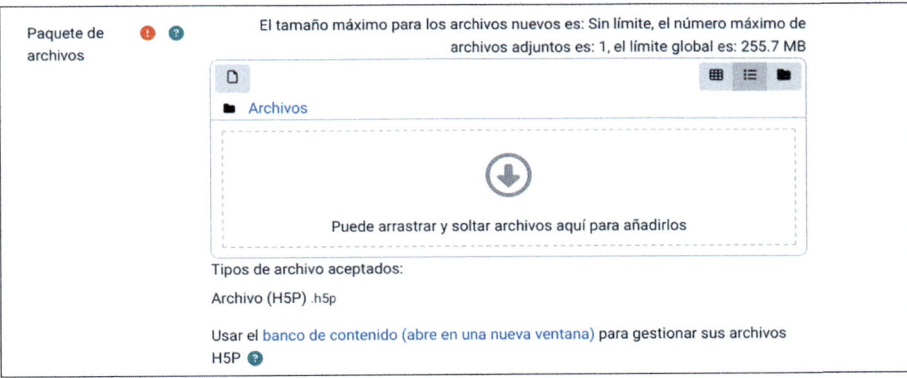

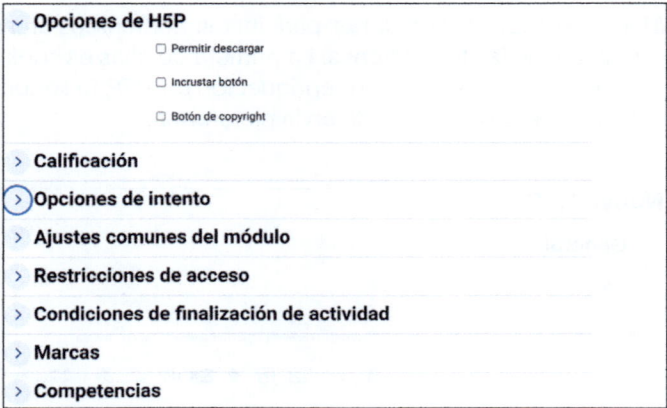

 **NOTA**

Para subir contenido creado previamente el sistema será el mismo que para la inclusión del resto de actividades.

Para usar las opciones que nos permite *Moodle* debemos seleccionar en **Banco de Contenido** de manera que se nos abrirá una nueva ventana donde podremos seleccionar en el desplegable el tipo de recurso que queremos editar:

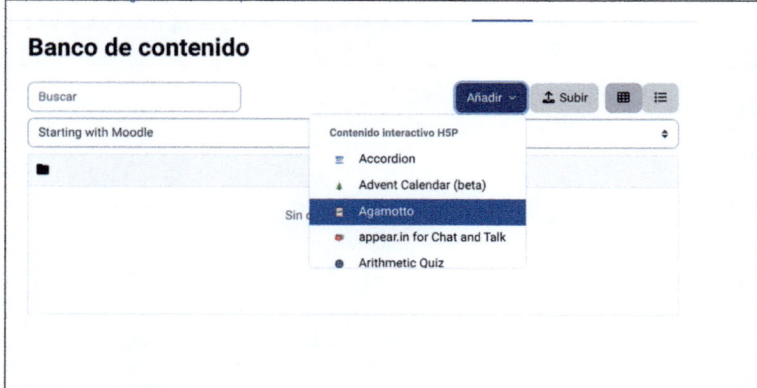

Posteriormente aparecerá una lista desplegable que permitirá las siguientes opciones de actividades para su creación:

- **Accordion:** mediante el uso de un menú expandible muestra información más detallada sobre un concepto.
- **Appear.in:** permite crear salas de conferencia con vídeo y chat.
- **Chart:** para la realización de gráficos, circulares o de barras.
- **Collage:** realización de *collages* personalizados con fotografías seleccionadas por el usuario.
- **Course presentation:** permite a los usuarios integrar en una presentación preguntas de opción múltiple, completar espacios en blanco, verdadero o falso, hipervínculos, vídeos, etc.
- **Dialog cards:** son tarjetas donde se pueden incluir pistas o palabras en el anverso, y en el reverso incluir imágenes, palabras, vídeos, etc.
- **Documentation tool:** para la elaboración de actividades impulsadas por objetivos. El asistente guiará al usuario para seguir una serie de pasos, y finalmente se puede descargar el producto final. Por ejemplo, para la consecución de los diferentes pasos de un proyecto.
- **Drag and drop:** con este tipo de actividad se permite asociar elementos, por ejemplo, palabras con imágenes.
- **Drag the words:** permite extraer palabras de un texto dejando los huecos, para que el alumnado las arrastre hasta el lugar correcto.
- **Fill in blanks:** sirve crear un texto con palabras en blanco, estas palabras están ausentes no como en la actividad de Drag de words.
- **Find the hotspots:** permite la creación de una imagen con puntos calientes interactivos, de manera que cuando se clica en ellos salta una ventana emergente que puede contener texto o vídeo.
- **Flashcards:** sirve para crear tarjetas de memoria con preguntas; las respuestas deben completarse antes de verificar la respuesta en su anverso.
- **Greeting cards:** permite la creación de tarjetas de felicitación.
- **Guess the answer:** plantea un reto donde el alumnado debe adivinar una respuesta basada en una imagen.
- **Iframe the embedder:** el incrustador Iframe permite insertar una URL (compatible con el editor) y cargar un *H5P* externo.
- **Image hotspots:** crea un punto caliente en una imagen para que tenga que ser encontrado.
- **Interactive video:** permite añadir a los vídeos preguntas de opción múltiple, texto emergente, preguntas de espacios en blanco, etc.
- **Mark the Words:** permite marcar una serie de palabras.
- **Memory game:** juego de memoria: se pueden añadir imágenes o texto a una tabla en la que los participantes deban buscar las imágenes o texto que tengan relación una con la otra.
- **Multiple choice:** permite la creación de preguntas donde una o más opciones son correctas.

- **Question set:** sirve para crear cuestionarios con distintos tipos de preguntas y respuestas, por ejemplo, opción múltiple, rellenar espacios, etc.
- **Single choice set:** permite crear preguntas de selección única.
- **Summary:** permite crear resúmenes, tipo de oraciones o construir el resumen correcto.
- **Time line:** para la creación de líneas de tiempo interactivas con imágenes y vídeo.

 ## APLICACIÓN PRÁCTICA

Luis, en su academia de idiomas Aprende+, quiere implantar un sistema de audio en el que grabar un sonido y donde el alumnado lo pueda escuchar tantas veces como quiera. Quiere que esta actividad sea interactiva y que el alumnado pueda repetir palabras o expresiones y el sistema detecte si están correctas o no. ¿Qué actividad interactiva podría usar?

Solución

Una solución es que Luis implemente en *H5P* una actividad interactiva de *appear*, donde grabar sus audios y hacerlo de forma interactiva.

Otro recurso muy interesante que nos posibilita *Moodle* es la opción de Paquete SCORM, de manera que podemos "empaquetar" un conjunto de archivos de acuerdo a las normas de estándares de aprendizaje y hacer dichos archivos portables.

El contenido se mostrará normalmente en varias páginas con navegación entre las mismas, generalmente este tipo de actividades se incluyen en el libro de calificaciones.

Dichas actividades se pueden usar para:

- Presentación de contenido multimedia y animaciones.
- Como herramienta de evaluación.

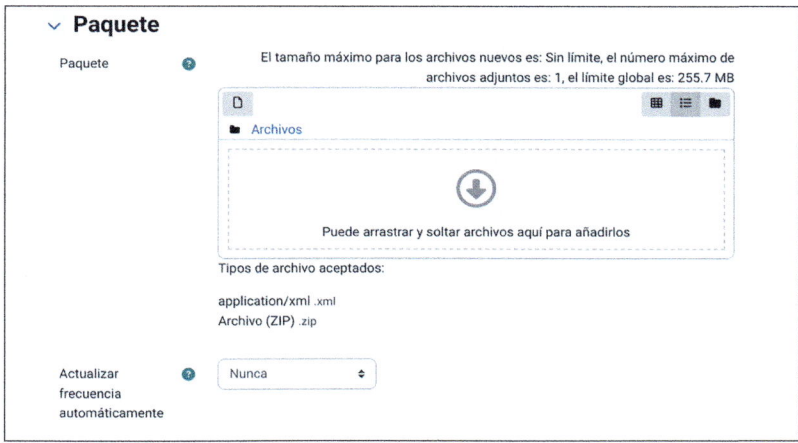

Por último destacar también *BigBlueButton*, como actividad de aprendizaje, se trata de un sistema de videoconferencia, en el que se puede mostrar en tiempo real y con código abierto audio, vídeo, chat, presentaciones, pantalla, pizarra multiusuario, grupos, encuestas y *emojis*.

Con esta herramienta se puede crear una sala para las sesiones en clase, reuniones, etc. Además nos permite la opción de grabar, para poder visualizarla en otro momento.

Las opciones personalizables más destacables que nos permite dicha herramienta son las siguientes:

Opciones para crear nuevo BigBlueButton

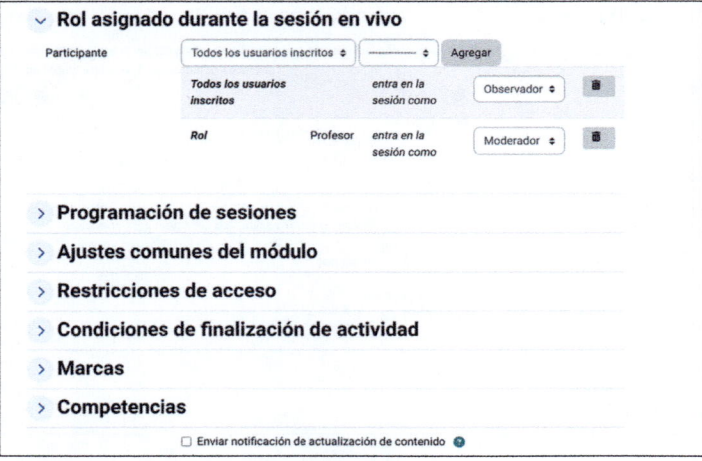

Más opciones que ofrece la plataforma para crear BigBlueButton

8. Recursos de *Moodle* para la comunicación con los agentes implicados en una acción formativa

☞ HILO CONDUCTOR

Además de los recursos que nos ofrece *Moodle*, para Luis es importante conocer los diferentes canales de comunicación que será posible implementar en esta plataforma educativa, pues cada uno de estos canales o vías supondrá una mejora en la enseñanza del inglés, que es el objetivo central de la academia Aprende+.

A continuación se verán diferentes recursos con los que cuenta la plataforma *Moodle* para la comunicación de las personas implicadas en las acciones formativas.

8.1. Foros

En el caso de los foros, se han visto ya sus capacidades técnicas en el apartado anterior por tener la capacidad de ser tanto una herramienta para la comunicación como un recurso formativo.

Recordemos que los foros se consideran lugares abiertos de debate sobre una determinada materia o hilo, y que son la participación, el debate y la puesta en común de los contenidos los pilares básicos de la filosofía y pedagogía con las que nace *Moodle*. La promoción de la creación de una comunidad educativa es uno de los ejes principales donde *Moodle* sustenta las acciones formativas. Para ello, se considera fundamental que el profesorado anime, apoye y dinamice desde el inicio la participación en los foros de debate por parte del alumnado. Para ello, se recomienda iniciar los cursos con mensajes de ánimo y bienvenida, para que los participantes comiencen a conocerse, y a continuación dinamizar la participación en los foros con la introducción de diferentes hilos.

La participación por parte del profesorado en los foros debe ser más intensa en el inicio, para posteriormente participar menos, dejando que sea el alumnado el que tome el papel central en la construcción del conocimiento y el aprendizaje.

IMPORTANTE

La creación y mantenimiento de los foros de aprendizaje colaborativo requieren de compromiso y participación, para lo que será necesario que el profesorado se plantee y determine las siguientes cuestiones:

- En quién o quiénes va a recaer el peso de la participación en los foros. No será lo mismo plantear un foro de debate donde el profesorado esté permanentemente presente y participando para guiar al alumnado que un foro diseñado para que sea el alumnado el que lleve el peso de la comunicación.
- El profesorado deberá tener herramientas básicas para la gestión de los foros:

  · Promoviendo la discusión en el foro si el alumnado está callado.
  · Ayudando a dar forma a las ideas que el alumnado plantea en el foro.
  · Haciendo que con las discusiones planteadas en el foro un curso progrese.
  · Renunciando al control de los debates planteados.
  · Promoviendo y apoyando al alumnado en el planteamiento de nuevos hilos o discusiones.

8.2. Mensajería

Cuando hablamos de mensajería en *Moodle* nos podemos referir a dos cosas diferentes:

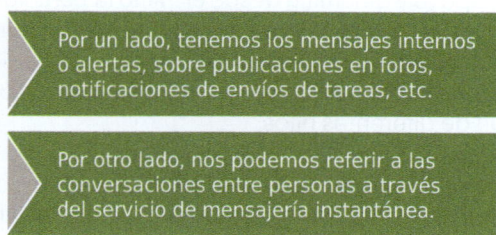

Por un lado, tenemos los mensajes internos o alertas, sobre publicaciones en foros, notificaciones de envíos de tareas, etc.

Por otro lado, nos podemos referir a las conversaciones entre personas a través del servicio de mensajería instantánea.

Estas opciones de mensajería por defecto están deshabilitadas, no obstante, pueden ser habilitadas por un administrador del sitio desde la pestaña de configuración avanzada. Si se configura la opción **Permitir mensajería en todo el sitio,** todas las personas integrantes de la comunidad educativa tendrán acceso a las direcciones de correo de todos los usuarios del sitio, para enviarles o recibir mensajes.

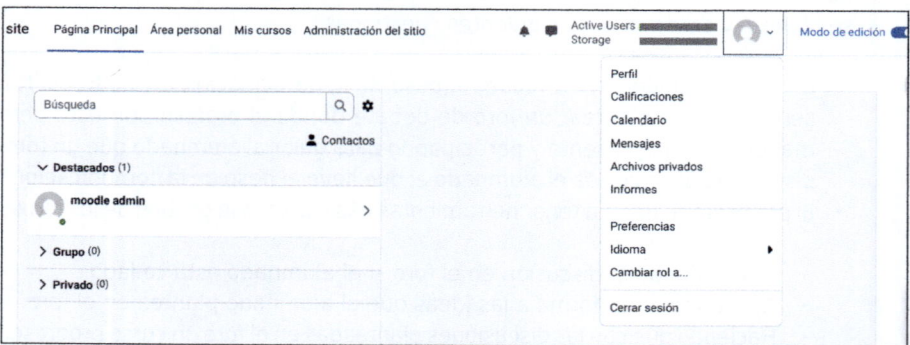

Configuración de mensajes

En cuanto a la configuración de las alertas o notificaciones, en *Moodle* se pueden obtener cuatro tipos de alertas diferentes: web, *Jabber, e-mail* y *mobile.* Tanto las notificaciones de web como las de *e-mail* están habilitadas por defecto, en el caso de *e-mail,* si se ha habilitado previamente la opción para permitir la mensajería.

En cuanto a *Jabber,* es un sistema de mensajería instantánea de protocolo abierto que se usa en *Moodle.* Permite en el momento enviar mensajes y conocer si el receptor de los mismos está conectado o no, y si está conectado, conocer qué hace en ese momento. Tanto *Jabber* como las opciones de *mobile* han de configurarse para mostrar un determinado tipo de notificaciones cuando se está en línea o no.

Las notificaciones de *Moodle* van a servir para dar alertas a profesorado y alumnado sobre los eventos destacables del curso, como por ejemplo publicaciones en foros o fechas de finalización de tareas.

Las notificaciones van a aparecer resaltadas en el menú de la parte superior de la pantalla con una numeración, en función de cuántas notificaciones tengamos pendientes de visualizar.

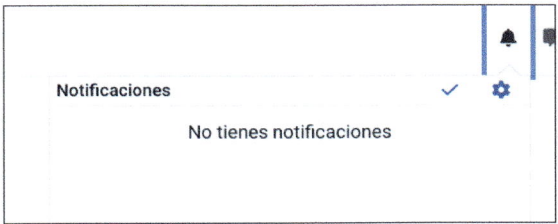

Zona donde se visualizarían las notificaciones

Para ver estas notificaciones solo tendremos que clicar encima de ellas y elegir una opción entre las siguientes: marcar como leídas, ir a la página de preferencias de notificación, ver todas las notificaciones.

Para configurar las alertas o notificaciones, podemos hacerlo desde opciones de configuración o desde el propio menú de notificaciones. Las alertas pueden configurarse para enviarse por *e-mail* o por *Mobile* si habilitamos estas opciones, y también se tendrá la posibilidad de configurar las alertas para que estas aparezcan cuando entremos en *Moodle.*

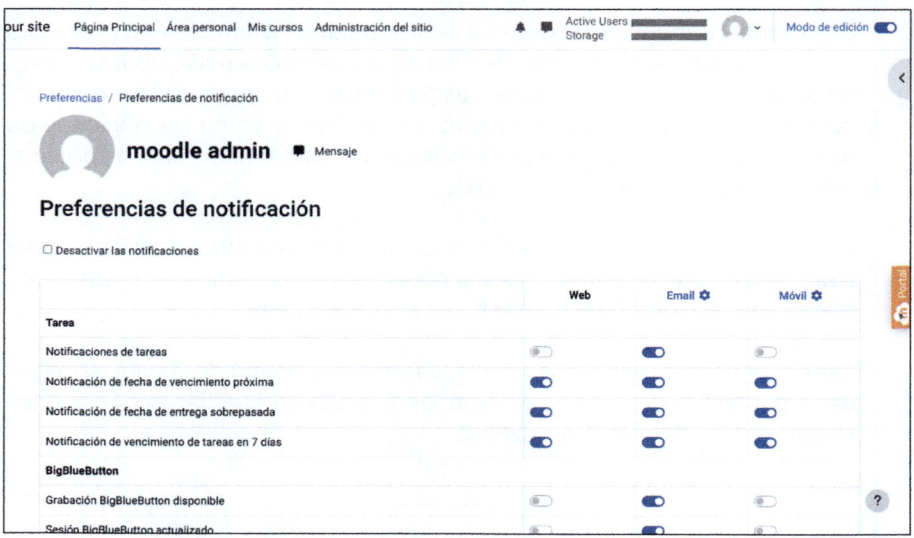

De esta manera se podrán seleccionar todas las notificaciones, sobre cualquiera de los aspectos configurados en el curso de *Moodle*.

 **NOTA**

En cuanto a la mensajería entre los usuarios, su funcionamiento podrá ser activado, como se ha mencionado anteriormente, desde el módulo de activar mensajería. Una vez se acceda a la plataforma, esta mostrará en el icono de mensajes el número de mensajes nuevos recibidos y el estado de los mismos.

Desde el apartado de mensajes se podrán revisar los mensajes intercambiados con los usuarios con anterioridad, así como eliminarlos si corresponde. Por otro lado, también se permitirá enviar mensajes nuevos a los usuarios del curso. Para el profesorado también existe la posibilidad de enviar un mensaje masivo a los participantes de la acción formativa.

Asimismo, desde la sección de participantes, se tendrá una relación de las personas activadas en el curso a las que se les pueden enviar mensajes.

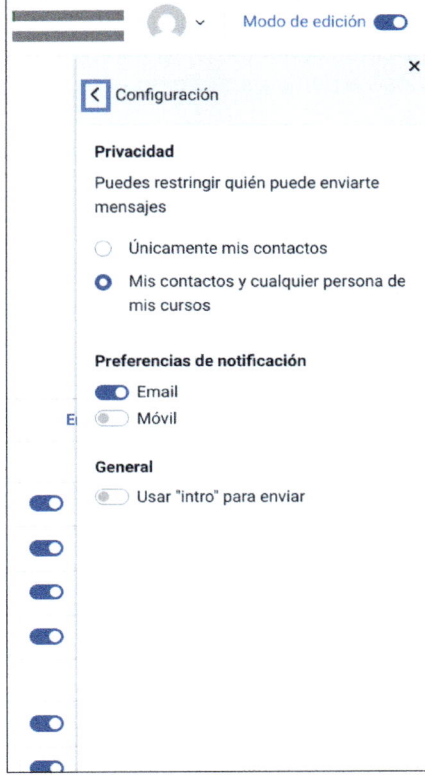

Parámetros para la configuración de la mensajería

8.3. Consultas

El módulo de consultas de *Moodle* es similar a la realización de una votación. También puede realizarse para recibir una respuesta de cada participante para algo en concreto, por ejemplo, puede emplearse para realizar una pregunta sobre cuándo realizar la entrega de un trabajo o examen y que cada estudiante dé una respuesta. Los resultados a esta consulta se muestran por *Moodle* a modo de tabla, donde se puede ver fácilmente quién ha dado cada respuesta.

Las consultas también podrán ser agregadas desde el módulo **Añadir una actividad o un recurso,** y seleccionar **Consulta.** Posteriormente se tendrá la posibilidad de delimitar las características de esa consulta, por ejemplo, título de la consulta, descripción, permitir más de una respuesta, establecer un número determinado de respuestas, establecer una fecha límite para la respuesta, etc. También nos va a permitir que la consulta pueda ser anónima o que se indique el nombre, y que los resultados sean públicos y tengan acceso todos los participantes o no.

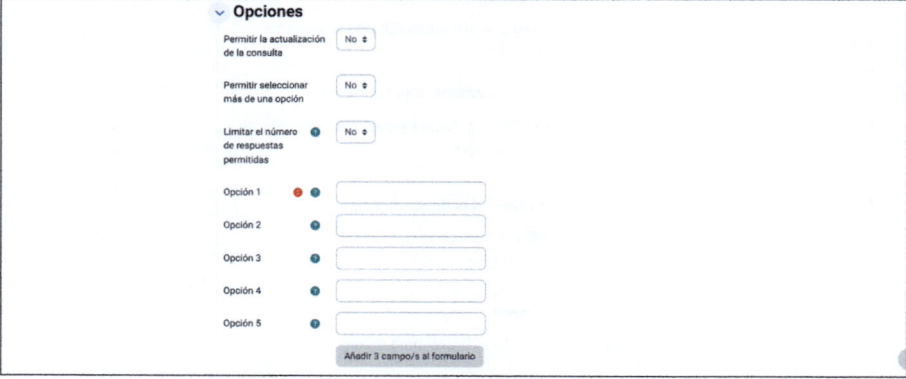

Opciones para el módulo de consultas

8.4. Chat

La opción de **Chat** ha sido sustituida en las nuevas versiones de *Moodle* por *BigBlueButtom,* que como se ha visto con anterioridad se trata de una herramienta que permite la comunicación tanto síncrona como asíncrona. En la actualidad es mucho más potente ya que no solo permite la opción de generar texto, sino vídeo, imágenes, sesiones en *streaming,* etc.

Las opciones personalizables en *BigBlueButtom* son las siguientes:

Opciones personalizables del nuevo BigBlueButton

En **Ajustes de la actividad/sala** podremos incluir un mensaje de bienvenida, además de configurar la opción de que solo pueda activarse cuando se encuentre conectada la persona que va a moderar la sala.

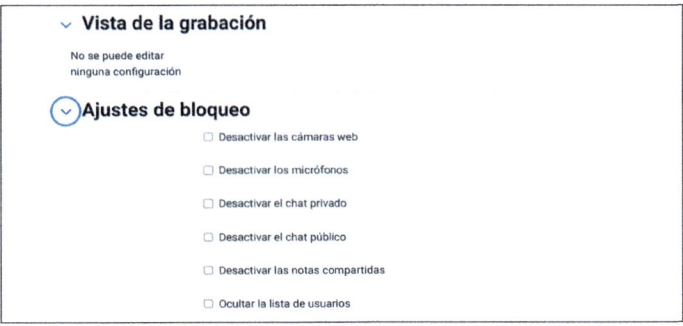

Configuración de la vista de grabación

La vista de grabación se podrá configurar una vez se establezcan las sesiones, además podremos configurar los ajustes de bloqueo, de manera que podremos tener acceso a desactivar las cámaras web por ejemplo, o la escritura en el chat.

Configuración del rol para cada sesión

Se podrá configurar un determinado rol para cada una de las personas que se incluyan en las sesiones, así podremos determinar y gestionar diferentes permisos para los diferentes usos que cada una de las personas participantes podrá hacer de la aplicación.

8.5. Otros

Otras opciones de las que incluye *Moodle* que nos pueden resultar de interés para el desarrollo de los cursos en aulas virtuales son:

- **Asistencia:** nos permitirá tener un registro de asistencia de las personas participantes, podremos establecer registros para los participantes como: asiste, no asiste, falta justificada, etc.
- **Lista de verificación:** el módulo de **Lista de Cotejo** *(checklist)* le permite al profesor crear una lista de cotejo / lista de trabajos / lista de pendientes, para que sus estudiantes trabajen al respecto.
- **Página:** permitirá la creación de una página web, donde se podrán insertar vídeos, imágenes, etc., se trata de un recurso más adaptable para el alumnado que accede al curso desde dispositivos móviles, además de ser más fácilmente actualizable.
- **Certificado personalizado:** donde se permite la creación y generación dinámica de certificados en PDF.

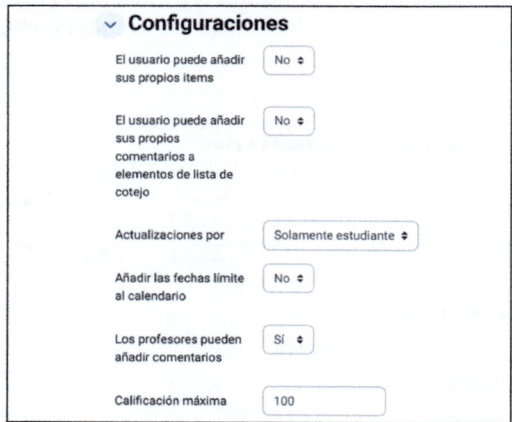

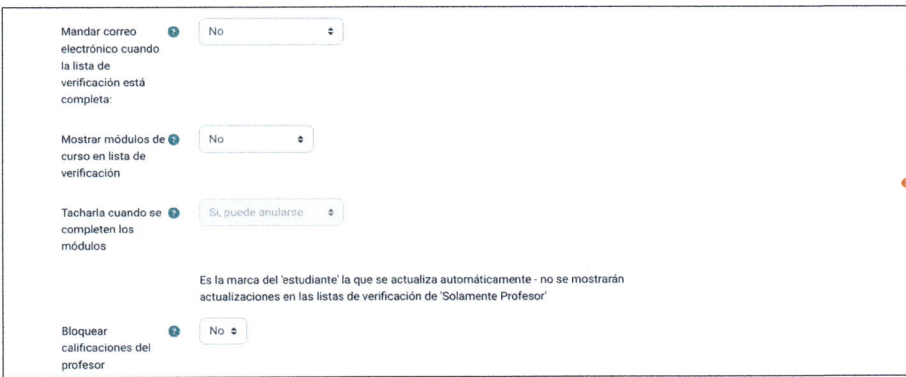

Algunas de las opciones configurables para la creación de listas de verificación.

Opciones de personalización que permite el certificado personalizado.

9. Funcionalidades para la parametrización y creación de aulas virtuales

 **HILO CONDUCTOR**

Luis no cuenta con muchos recursos para poner en práctica la plataforma para su academia. Es por ello que ejercerá como administrador de la misma, al menos

Continúa en página siguiente >>

<< Viene de página anterior

mientras pone en marcha el sitio y comienza a rodar. Para Luis es importante conocer los aspectos técnicos de parametrización y creación de aulas virtuales, así que, una vez instalado el *software* de *Moodle* en su equipo, comenzará asignando los roles a los participantes.

9.1. Asignación de roles

En la plataforma *Moodle* cada persona que accede tendrá un rol determinado en función de las posibilidades de acción y participación que se establezcan para esta persona en el curso.

Desde la pestaña de *Moodle* **Administrar roles** se podrá acceder a la lista de roles que se pueden asignar a las personas participantes en la acción formativa. Los diferentes roles que permite establecer *Moodle* a cada participante son:

- ⮂ **Mánager o administrador:** tiene los permisos para acceder a los cursos y modificarlos, aunque habitualmente no participan en ellos. Puede crear cursos y categorías, modificar y asignar roles dentro de los cursos, crear cuentas de acceso y asignar roles, instalar bloques, modificar el tema gráfico, etc. En general, este rol puede realizar cualquier modificación y puede existir más de uno dentro de la plataforma.
- ⮂ **Creador de curso:** pueden crear nuevos cursos.
- ⮂ **Profesor:** para realizar cualquier acción dentro del curso, incluyendo cambiar actividades y calificar a estudiantes. Puede crear, modificar y borrar actividades o recursos dentro del curso al que esté asignado, además de inscribir, calificar, dar retroalimentación y establecer y regular la comunicación con los participantes al curso.
- ⮂ **Profesor sin permiso de edición:** pueden participar de la enseñanza en las acciones formativas y calificar al alumnado, pero no tienen permisos para modificar las actividades.
- ⮂ **Estudiante:** tienen por lo general menos privilegios en cuanto a la edición y modificaciones dentro de un curso. Puede visualizar y realizar las actividades, revisar los recursos y establecer comunicación con los otros participantes al curso y con el profesor.
- ⮂ **Invitado:** tiene los mínimos privilegios. Habitualmente no están autorizados a escribir, solo a ver las acciones.

Los pasos para la asignación de roles a las personas son:

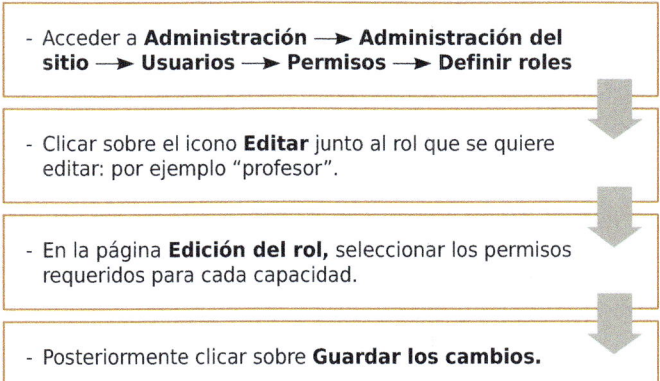

- Acceder a **Administración** → **Administración del sitio** → **Usuarios** → **Permisos** → **Definir roles**

- Clicar sobre el icono **Editar** junto al rol que se quiere editar: por ejemplo "profesor".

- En la página **Edición del rol,** seleccionar los permisos requeridos para cada capacidad.

- Posteriormente clicar sobre **Guardar los cambios.**

Moodle también permite seleccionar a las personas o roles específicos que tendrán la posibilidad de realizar asignaciones de rol, así como realizar modificaciones como permitir cambios de rol, permitir anulaciones de roles, etc.

Asignación de roles

9.2. Administración de categorías de cursos

Para facilitar la gestión de los diferentes cursos, *Moodle* permite la clasificación de los mismos por categorías; de esta manera, podemos organizar mejor su gestión. Así podremos ordenar los cursos, por ejemplo, por departamentos, colegios, temas, etc. Además, se podrán añadir subcategorías para mejorar su clasificación.

Para añadir una categoría nueva, los pasos que seguir son los siguientes:

➲ Seleccionar **Administración** → **Administración del sitio** → **Cursos** → **Añadir una categoría**.
➲ Una vez completados los detalles o características de dicha categoría, se selecciona **Crear categoría.**

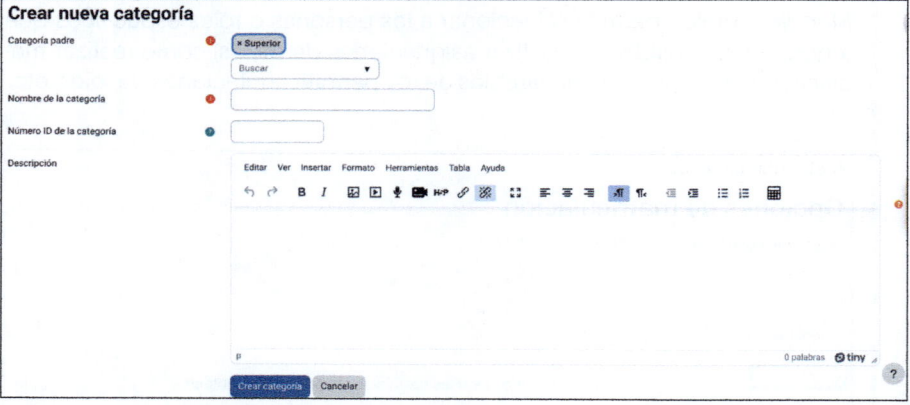

Insertar nueva categoría

También desde el apartado **Editar categoría** *Moodle* nos permitirá realizar modificaciones en las categorías realizadas, tales como añadir una subcategoría o establecer una subcategoría como categoría principal.

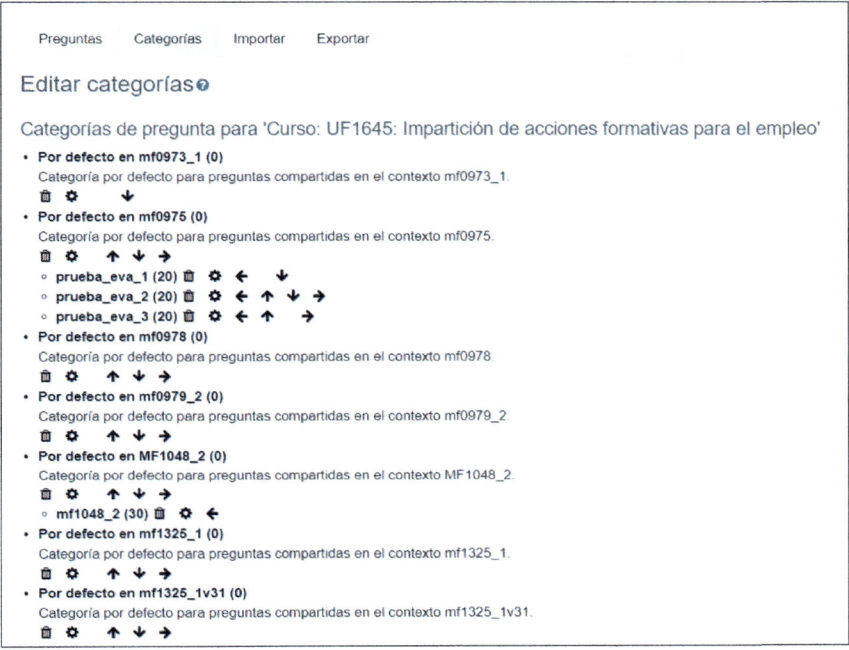

Editando las categorías

9.3. Creación de aulas virtuales

Para la creación de un aula virtual o curso en *Moodle* es necesario estar habilitado con los permisos de rol específicos para ello. De esta manera solo los mánager, creadores de curso o profesores con los permisos habilitados podrán crear nuevos cursos en *Moodle*.

Los pasos para su creación son los siguientes:

🔁 Ir a **Administración del sitio** → **Cursos** → **Gestionar cursos y categorías**.

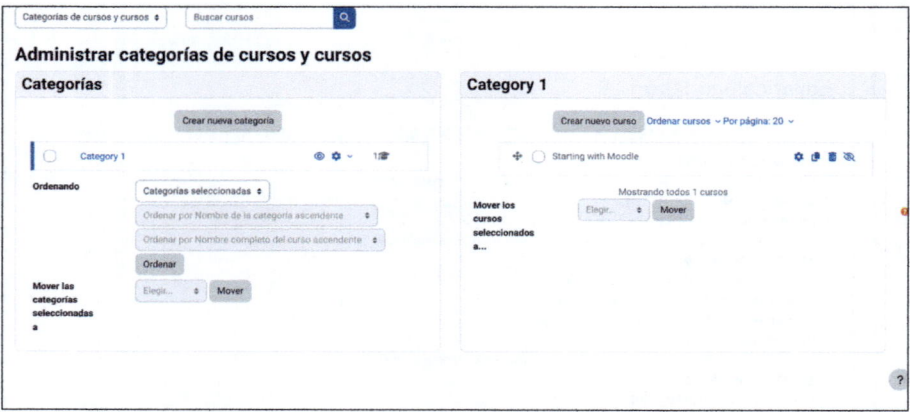

Administrar categorías y cursos

⊃ Seleccionar **Nuevo curso** en la página a la derecha.
⊃ Clicar sobre la categoría donde se desea incluir el nuevo curso.
⊃ Seleccionar **Nuevo curso.** Acceder a las configuraciones del curso; en esta pantalla tendremos la posibilidad de guardar y regresar, para volver al curso creado, o guardar y mostrar, donde avanzaremos a la siguiente pantalla que nos permitirá incluir al alumnado y profesorado para el curso.

También desde las opciones que nos ofrece la pestaña **Administración del sitio** podremos eliminar cursos, ordenarlos, etc.

Moodle también nos ofrecerá la posibilidad de subir masivamente cursos, que ya están elaborados según una plantilla, y establecer una plantilla de curso para poder usarla en la creación de otros cursos.

9.4. Matriculación de usuarios

Moodle permite diferenciar entre inscribir alumnado en un curso (proceso de matriculación) y añadir usuarios al sitio (proceso de autenticación: identificación).

NOTA

Hay varias formas de realizar las matriculaciones en un curso en *Moodle*. Estas inscripciones dependerán de las opciones que se hayan habilitado en la inscripción del curso: administración-administración del sitio-*plugins*-inscripciones-gestionar *plugins* de inscripción.

Autoinscripción

El alumnado se matricula él mismo. Si habilitamos la opción de autoinscripción, el alumnado podrá inscribirse de forma autónoma en el curso, bien mediante un *link* para la autoinscripción, bien al escribir una clave de inscripción, que previamente debe haberse habilitado y entregado a los posibles participantes.

Para acceder a las matriculaciones del alumnado en los cursos, se hará desde **Administración del sitio** → **Extensiones** → **Matriculaciones.** Ahí entre diferentes opciones podremos encontrar la automatriculación:

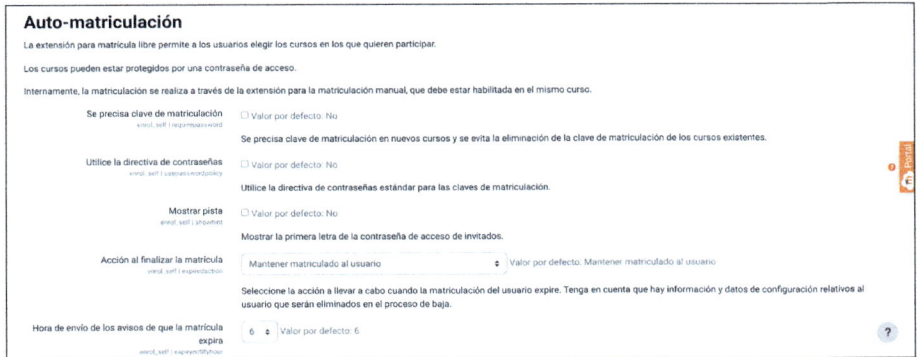

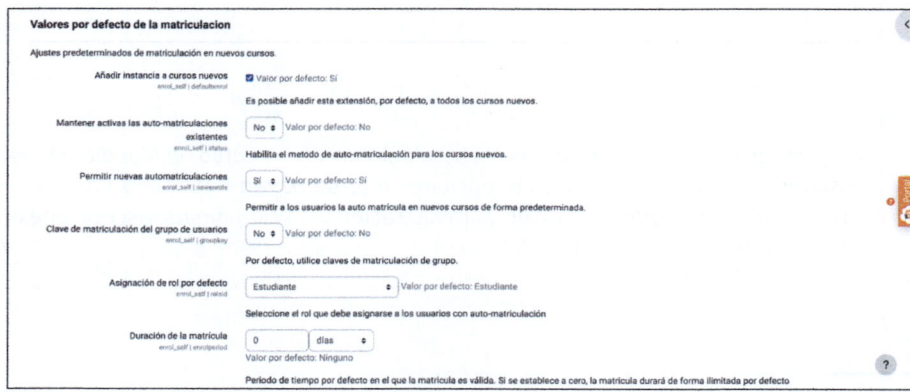

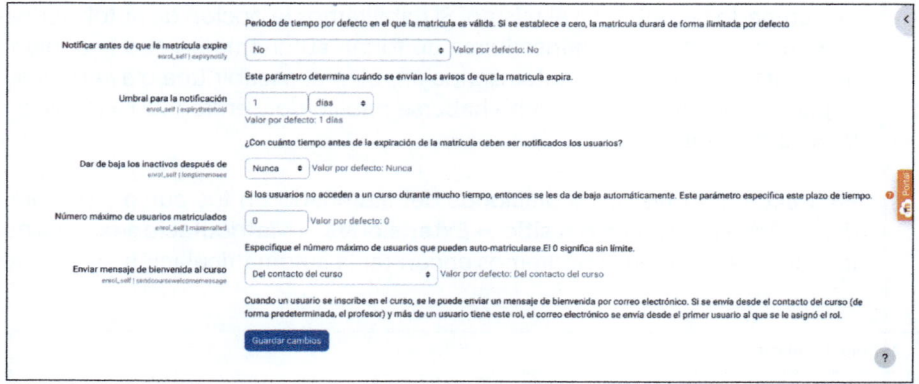

Inscripción manual

Otra opción es que el profesorado o las personas con roles habilitados para ello inscriban manualmente a los alumnos/as en los cursos, para lo que se podrá usar el siguiente método:

- Ir a **Usuarios inscritos** desde el menú de la configuración en **Administración del sitio.**
- Hacer clic en el botón para **Inscribir usuarios.**
- Elegir los roles haciendo uso del menú desplegable.
- Seleccionar las opciones de inscripción apropiadas.
- Navegar o buscar usuarios.
- Clicar el botón **Inscribir** que aparece junto al usuario.
- Cuando se haya terminado de inscribir a todos los participantes, clicar en **Terminar de inscribir usuarios.**
- Aparecerá un listado con los usuarios inscritos en el curso.

Acceso de invitados

Permite la inscripción en el curso de usuarios con rol de invitado, para que puedan ver los contenidos del curso. Pueden ser visitantes que no tengan cuenta (usuarios autenticados), y es posible añadir una clave de inscripción para concederles a estas personas el acceso a los cursos.

El usuario con rol de invitado no puede participar de las actividades, solo ver la información que contiene el curso. Esto les permite a aquellos con el rol de invitado ver los contenidos de un curso.

Sincronización de cohortes

Para esta opción solo los administradores o mánager del curso tendrán la posibilidad de hacerlo. Los administradores podrán subir masivamente usuarios a la plataforma mediante un archivo CSV. La cohorte es un conjunto de usuarios que ha sido añadido mediante un *plugin* de inscripción por sincronización de cohorte.

Los usuarios deben estar adscritos previamente a la cohorte. La cohorte son grandes lotes de usuarios del sitio o de la categoría.

Enlace a un metacurso

Permite el traspaso de usuarios de un curso a otro. En el caso de los profesores, solo pueden realizar estas inscripciones si son los profesores en los dos cursos; de esta manera, es posible traspasar al alumnado de un curso al siguiente.

PayPal

Si se ha configurado un curso para el que el alumnado debe pagar por su realización, se deberá tener en consideración lo siguiente:

Se ha de habilitar el método para la inscripción por *PayPal* para todo el sitio y tenerlo habilitado en todo el sitio. De esta manera se puede configurar un precio para el curso.

El alumnado necesitará tener cuentas activas en el sitio antes de poder realizar el pago del curso.

Continúa en página siguiente >>

<< Viene de página anterior

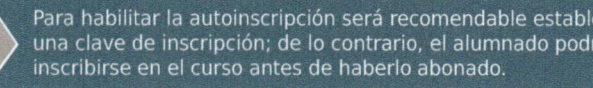

Para habilitar la autoinscripción será recomendable establecer una clave de inscripción; de lo contrario, el alumnado podría inscribirse en el curso antes de haberlo abonado.

9.5. Codificación de elementos

Algunos de los archivos que usa *Moodle,* tales como los archivos de importación y exportación de *Moodle,* los paquetes de idiomas personalizados o los paquetes de idiomas de módulos de terceros, deben convertirse o tratarse como archivos de tipo Utf-8 para poder usarse en esta plataforma.

La codificación de elementos en *Moodle* será necesaria para poder extraer datos desde un sitio externo a la plataforma. Uno de los usos principales va a ser la creación de usuarios para su importación de forma masiva al curso, para lo que en primer lugar se deberá realizar una codificación previa en CSV *(Comma Separated Values).*

De esta manera, podremos crear un listado de usuarios que podamos importar a *Moodle* para inscribir en un curso. Para ello, se tendrán que tener los siguientes datos:

- ➲ *Firtsname:* nombre del usuario.
- ➲ *Last name:* apellido.
- ➲ *City:* ciudad.
- ➲ *Country:* código del país donde reside el usuario.
- ➲ *Centercode:* código de centro al que pertenece el usuario.
- ➲ *Lang:* lenguaje por defecto para acceder a la plataforma. ("en_utf8" para inglés y "es_utf8" para español).

 **EJEMPLO**

Un ejemplo del contenido de un archivo CSV para un único usuario sería el siguiente:

username;password;email;firstname;lastname;city;country;centercode;langmm artin@centroeducativo.com600015;qphe7mcB;mmartin@centroeducativo.com ;Antonio;jimenez;Madrid;ES;600015;es_utf8

Continúa en página siguiente >>

<< Viene de página anterior

En el ejemplo anterior, el usuario disponía de los siguientes datos:

*   *username:* antonio@mmartin.com (dirección de correo+código de centro)
*   *password:* qphe7mcB
*   *email:* mmartin@centroeducativo.com
*   *firstname:* Antonio
*   *lastname:* Jiménez
*   *city:* Madrid
*   *country:* ES (código del país en el que reside)
*   *centercode:* 600015
*   *lang:* es_utf8

Los archivos CSV pueden ser creados en tres métodos diferentes: archivos de texto mediante un editor de texto común como bloc de notas o *WordPad,* archivos de *Excel* o *OpenOffice Calc.*

Una vez se ha creado un listado de usuarios en CSV, será necesario codificarlo para subirlo a *Moodle. Moodle* detalla cuál es la codificación del archivo, ya que usa una codificación Utf-8 para que los caracteres como las eñes o las tildes se visualicen correctamente. Si se conoce el tipo de codificación del archivo, solo será necesario seleccionarlo en el desplegable.

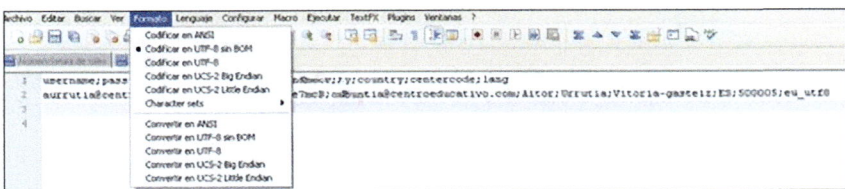

Codificación en Utf-8

Si no conocemos el formato de codificación del archivo, se puede trasformar el archivo CSV en un archivo con formato Utf-8 con algunas de las herramientas *softwares* disponibles en el mercado para ello, por ejemplo, *Notepad++* o *Crimson Editor.*

Para usar *Notepad++* podemos descargarlo desde el siguiente enlace:

https://redirectoronline.com/ssce230101

Una vez instalado, para convertir un archivo CSV en un archivo Utf-8 solo tendremos que seleccionar el documento creado, clicar en el menú **Herramientas → Formato → Codificar en Utf-8 sin BOM;** tras esto guardaremos el archivo con la extensión recomendada.

Después de la realización de esta codificación, ya podremos subir nuestro archivo de usuarios de CSV en la plataforma para inscribirlos de forma masiva. En la pantalla de subir usuarios se dispondrá de las siguientes opciones:

Archivo
- Archivo formateado con los datos de usuarios que hayamos creado y guardado en el ordenador.

Delimitador CSV
- Es el delimitador que hemos elegido para separar los campos (punto y coma o tabulador).

Codificación
- En este caso ya conocemos la codificación UTF-8.

Previsualizar filas
- Este parámetro nos permite configurar el número de filas que previsualizar antes del siguiente paso de creación de usuarios. Nos mostrará tantas filas de archivo CSV como hayamos elegido.

TAREA 3

María, como profesora de un curso que está en la plataforma *Moodle*, tiene que subir masivamente los usuarios. Por ello, es importante que conozca cómo crear un código CSV a partir de los siguientes datos de usuario:

- *username:* margarita@miscuela.com150023
- *password:* 7jko011mn
- *email:* margarita@miescuela.com
- *firstname:* Margarita
- *lastname:* Castaño
- *city:* Málaga
- *country:* España
- *centercode:* 150023
- *lang:* es_utf8"

¿Cómo lo haría?

9.6. Determinación de elementos comunes corporativos en las aulas

Para dar a la plataforma *Moodle* una visión de unidad corporativa, se pueden establecer cambios en una serie de elementos que otorguen a la vista de la plataforma un formato de unidad que sea reconocible como propio. Aunque *Moodle* está preconfigurado para que cada usuario establezca la apariencia en función de sus gustos, como administradores del sitio se pueden establecer unas líneas de imagen y estilos que no podrán ser modificados por los usuarios sin permisos, tal es el caso de las siguientes opciones:

- ➲ **Portada:** se puede decidir si mostrar anuncios y cursos, las imágenes que debe contener, así como añadir un texto descriptivo de la entidad.
- ➲ **Configuración de los temas:** la visualización del formato del curso puede ser elegida y personalizada.
- ➲ **Encabezado y pie de página:** en estos elementos se pueden incluir la información que se desee, tal y como el nombre de la empresa, logo corporativo, etc.
- ➲ **Temas:** existen una serie de temas estándar, que se pueden elegir o cambiar, para seleccionar por ejemplo los colores o dar la personalización o imagen que se desee.

⮺ **Tablero:** es el área personal de cada usuario, puede establecerse por cada uno o puede limitarse a uno solo por el administrador del curso; de esta manera, su página del curso sería igual para todo el alumnado.

⮺ **Perfiles de usuario:** pueden crearse libremente por cada usuario de *Moodle* o se puede configurar por el administrador para mostrar solo unas opciones, por ejemplo, hacer que todos los profesores tengan las mismas opciones en su perfil.

⮺ **Navegación:** también es posible establecer criterios para la navegación de los usuarios y obtener informes de esto.

⮺ **Lista de cursos:** se puede establecer el orden, quién aparece en los listados, etc.

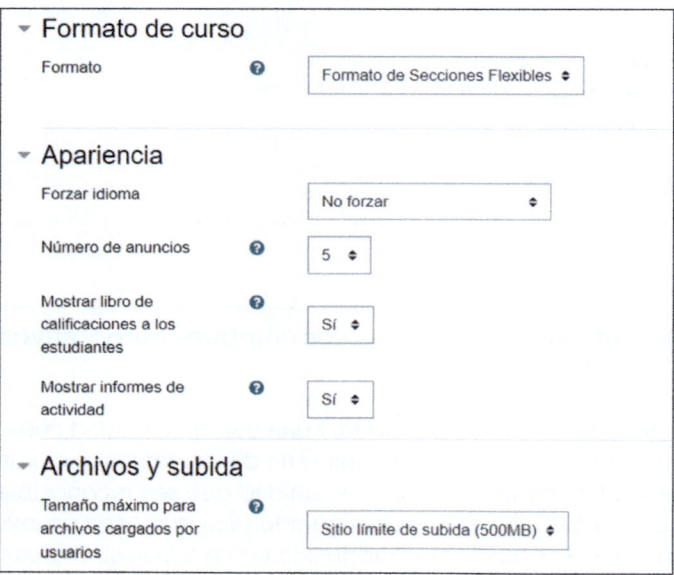

Ejemplo de modificación de la apariencia del curso

9.7. Otras

También la plataforma *Moodle* permite la inclusión de usuarios de uno en uno y de forma manual, ya sean estudiantes o personas con otros roles. El alta de estas personas se denomina en *Moodle* **autenticación** o **identificación de usuarios.** Para la gestión de estas altas será necesario tener habilitado el rol de administrador o mánager.

Los pasos que seguir para la inclusión de un nuevo usuario son los siguientes:

- ⊃ Administración desde el menú de usuarios.
- ⊃ Clicar el enlace **Agregar usuario.**
- ⊃ Rellenar el formulario de la ventana de información personal.
- ⊃ Hacer clic en el botón de **Actualizar información personal.**

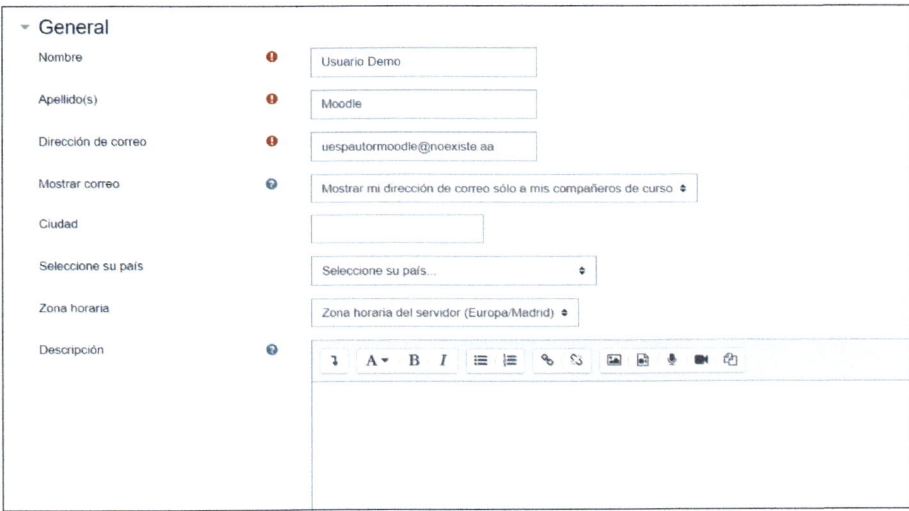

Ejemplo de ventana de información personal

10. Informes y exportación de datos

👉 HILO CONDUCTOR

Por último, tras la implementación de los sistemas en *Moodle,* Luis, el gerente de la academia Aprende+, necesitará saber cómo extraer datos de la plataforma para poder hacer un correcto seguimiento en las necesidades del alumnado, en la mejora de los cursos que ha puesto en la modalidad *online,* etc.

- -

Moodle muestra todas las evaluaciones y calificaciones obtenidas por cada alumno en el libro de calificaciones.

10.1. Informes de evaluación individualizados

Desde el primer momento en que el alumnado accede a la plataforma puede observar y comprobar su progreso en el curso con el informe de usuario. En él se muestran todas las calificaciones que va registrando en cada una de las actividades, sin ser necesario que el curso esté finalizado o completo.

El informe de usuario incluye:

Un desglose de las calificaciones obtenidas en cada elemento del curso o acción formativa.

Un valor en porcentaje relativo a la calificación máxima/mínima exigida, para cada evaluación.

La retroalimentación ofrecida por el profesorado en cada acción formativa.

También puede mostrar, una vez completado el curso, una calificación total para este.

Asimismo, este informe de evaluación individualizado también estará al alcance del profesorado. De esta manera puede ir realizando el seguimiento de cada alumno de forma individual.

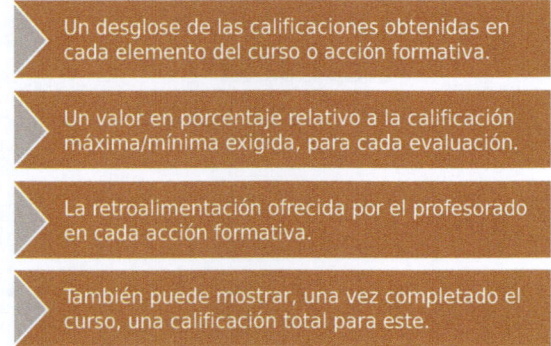

INTERACCIONES				
UF1645: IMPARTICIÓN DE ACCIONES FORMATIVAS PARA EL EMPLEO				
Usuario Demo Moodle				
MÉTODO	ENVIADOS	RECIBIDOS	ENVIADOS AL TUTOR	RECIBIDOS DEL TUTOR
MENSAJERÍA	0	0	0	0
OTROS MENSAJES	0	0	0	0

OTROS MENSAJES				
UF1645: IMPARTICIÓN DE ACCIONES FORMATIVAS PARA EL EMPLEO				
Usuario Demo Moodle				
FECHA	REMITENTE	DESTINATARIOS	ASUNTO	TEXTO DEL MENSAJE
.	.	.	.	.

MENSAJES INSTANTÁNEOS				
UF1645: IMPARTICIÓN DE ACCIONES FORMATIVAS PARA EL EMPLEO				
Usuario Demo Moodle				
FECHA	REMITENTE	DESTINATARIOS	ASUNTO	TEXTO DEL MENSAJE
.	.	.	.	.

TIEMPOS ACUMULADOS	
UF1645: IMPARTICIÓN DE ACCIONES FORMATIVAS PARA EL EMPLEO	
Usuario Demo Moodle	
COMPONENTE	TIEMPO INVERTIDO

Ejemplo de informe de usuario de Moodle

10.2. Actas de evaluación. Informes de calificaciones

Cada una de las actividades planteadas en *Moodle* tendrá su reflejo en el libro de calificaciones. Al acceder al mismo en el modo vista del informe calificador aparecerá una tabla donde cada fila pertenece a un estudiante del curso, y cada columna a una de las actividades evaluables. En todas ellas se mostrará una nota o porcentaje y en la última, la calificación global una vez finalizado el curso.

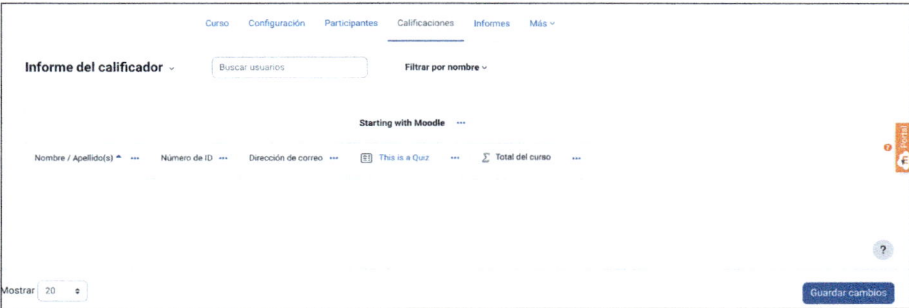

Cada vez que se agrega una actividad calificable al curso, el libro de calificaciones creará de forma automática una columna para ella. Clicando sobre el nombre de esta actividad, *Moodle* nos enlazará directamente con ella.

 **NOTA**

El historial de calificación permitirá al profesorado ver un informe completo de todos los movimientos realizados en las calificaciones, pudiendo escoger un estudiante en concreto o un ítem de calificación para unas fechas determinadas y ver un informe únicamente de los elementos seleccionados. Además, este informe se podrá descargar en varios formatos diferentes.

10.3. Cuestionarios de satisfacción

Para la elaboración de los cuestionarios de satisfacción, el principal recurso que *Moodle* ofrece son las **encuestas,** que también pueden ser empleadas como elementos de comunicación entre profesorado y estudiantes. Pero su uso predilecto será el de la realización de cuestionarios de evaluación de la satisfacción, que pueden ser intermedios o finales.

NOTA

Para la creación de una de estas encuestas solo tendremos que activar edición, seleccionar **Añadir una actividad o un recurso** y posteriormente agregar encuesta. A continuación, debemos agregar un nombre para la encuesta y seleccionar su tipo.

Una vez realizadas las preguntas y escogido el formato, la enviaremos a aquellos participantes que consideremos oportuno, para posteriormente poder obtener los datos en el formato de gráfico.

Para añadir una encuesta tendremos que ir hasta **Añadir una actividad o un recurso** y seleccionar la encuesta. Desde este punto podremos seleccionar todas las opciones en relación a la misma.

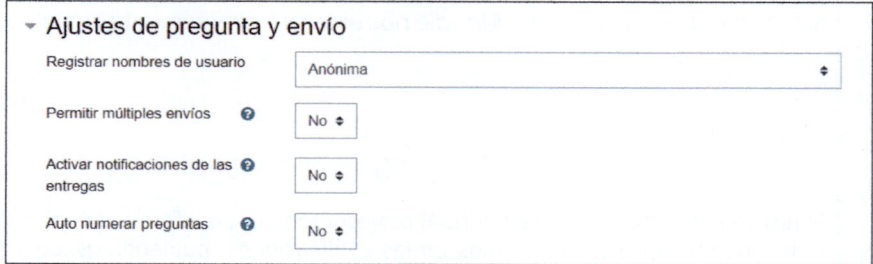

Seleccionando ajustes de pregunta y envío

Las opciones también podrán determinar las respuestas del alumnado a la encuesta, y se podrán elegir las siguientes opciones:

- ⮎ **Añadir salto de página:** no consiste en ninguna pregunta, solo en añadir un hito para poder separar las preguntas en varias páginas.
- ⮎ *Captcha:* en este campo se requiere que el alumnado replique las letras o sonidos que hay en la pantalla. Es un elemento de control para que no se realice de modo automático.

➲ **Elección múltiple:** pregunta con varias posibilidades de respuesta; se pueden seleccionar una o varias repuestas como verdaderas.

➲ **Elección múltiple clasificadas:** igual que la opción anterior, pero permite asignar valores a las respuestas para ponderarlas.

➲ **Etiqueta:** no es una pregunta, permite añadir un texto, imagen, etc., en el lugar que se quiera de la encuesta.

➲ **Información:** no es una pregunta, sirve para incluir la hora de respuesta del alumnado o algún dato extra como el nombre de la asignatura.

➲ **Respuesta de texto corta:** se permite una respuesta en una frase breve.

➲ **Respuesta de texto larga:** permite que se dé como respuesta un texto largo.

➲ **Numérica:** pregunta donde la respuesta es un número, por lo que se puede añadir un rango.

IMPORTANTE

Una vez tengamos los resultados, también podremos visualizarlos en las mismas opciones que la consulta, como gráfico y detallando las respuestas en *Excel*, procesador de texto, etc.

TAREA 4

Hemos terminado nuestro primer curso en *Moodle*, y necesitamos algunos datos sobre la satisfacción de los participantes. ¿Cómo haríamos para obtener un gráfico de barras con esta información para 20 alumnos/as?

11. Resumen

A lo largo de las últimas décadas hemos vivido una revolución en cuanto a los sistemas tradicionales de enseñanza/aprendizaje debido a la implementación de las tecnologías de la información y comunicación, que han dado la posibilidad de digitalizar los procesos de enseñanza/aprendizaje y hacerlos más accesibles desde cualquier lugar del mundo y a cualquier hora.

En este sentido las plataformas digitales han jugado un papel fundamental. Los sistemas de gestión del aprendizaje o LMS son soportes que dan cabida a las interacciones necesarias para desarrollar con multitud de recursos un proceso de enseñanza aprendizaje de calidad.

En el desarrollo de estos sistemas ha jugado un papel fundamental la plataforma o LMS *Moodle,* que es la más usada en la actualidad a nivel mundial. Su facilidad de uso, así como su gratuidad, han hecho que esta sea la favorita de muchos para llevar a cabo sus experiencias de enseñanza/aprendizaje *online.*

La plataforma *Moodle* ofrece recursos tanto para la comunicación entre los diferentes agentes implicados en el proceso como en los foros, chat, servicio de mensajería, etc. También presenta diferentes recursos para la creación y realización de actividades educativas, como por ejemplo las tareas, las encuestas, etc. Pero, además, permite la integración de actividades interactivas creadas con diferentes programas, como *H5P.*

En definitiva, la revolución digital se ha asentado en los procesos de enseñanza/aprendizaje y las ventajas de estos nuevos sistemas, más accesibles y económicos, están ganando terreno a los tradicionales sistemas de enseñanza aprendizaje.

Ejercicios de autoevaluación
Unidad de Aprendizaje 1

1. Si queremos realizar una lluvia de ideas en *Moodle,* ¿qué recurso sería el más apropiado para hacerlo?

   a. Foro
   b. *Wiki*
   c. Chat
   d. Encuesta

2. ¿Cuál de las siguientes no es una fase del Taller en *Moodle*?

   a. Configuración
   b. Envío
   c. Registro
   d. Cerrado

3. Si queremos crear una sala de conferencia con vídeo y chat en *H5P,* ¿qué recurso deberemos usar?

   a. *Appear.in*
   b. *Collage*
   c. *Chart*
   d. Acordeón

4. ¿Cuál de los siguientes roles de *Moodle* no tiene opciones para la edición?

   a. Mánager o administrador
   b. Invitado
   c. Estudiante
   d. Profesor

5. ¿Cuáles de los roles disponibles en *Moodle* pueden crear cursos?

   a. Invitado
   b. Estudiante

c. Profesor
d. Administrador o mánager

6. Determina si la siguiente oración es verdadera o falsa: "Los estudiantes de cursos en *Moodle pueden* autoinscribirse a los cursos".

■ Verdadero
■ Falso

7. ¿Cuál es el medio de pago establecido en la configuración de *Moodle*?

a. *Paypal*
b. Tarjeta de crédito o debito
c. Efectivo
d. Transferencia bancaria

8. El formato de codificación por defecto de los archivos en *Moodle* es _____.

a. UTF-10
b. UTF-8
c. TFU-10
d. VCS

9. Determina si la siguiente oración es verdadera o falsa: "*Moodle* no permite la inclusión de usuarios nuevos de uno en uno sin estar codificados".

■ Verdadero
■ Falso

10. Las calificaciones en *Moodle* se presentan en el _____.

a. anuario
b. informe
c. libro de calificaciones
d. No se permite esta opción.

Diseño instruccional de teleformación

Contenido

1. Introducción
2. El rol del gestor *e-learning*
3. Diseño de acciones formativas en modalidad *e-learning* y *b-learning*
4. Resumen

Objetivos

El objetivo general de esta Unidad de Aprendizaje es:

→ Adaptar los programas presenciales a la modalidad de teleformación aplicando las características generales y las condiciones de la formación en línea, asumiendo las funciones, competencias y habilidades propias del gestor en relación con la modalidad de impartición.

Los objetivos específicos de esta Unidad de Aprendizaje son:

→ Identificar las características del gestor de formación.

→ Conocer la planificación y la gestión de los cursos.

→ Reconocer y poner en práctica los indicadores de calidad en los cursos *e-learning*.

→ Desarrollar una guía didáctica completa para una acción formativa *e-learning*.

→ Dominar los métodos *e-learning*, *b-learning* y *m-learning*.

1. Introducción

En la unidad anterior se han visto las capacidades y potencialidades que nos ofrecen las plataformas LMS y sus características. En esta segunda unidad desarrollaremos las nuevas capacidades que son necesarias para los gestores/as de formación.

La nueva realidad educativa demanda en los profesionales del sector de la educación a distancia una serie de habilidades y conocimientos que difieren de los roles tradicionales de formadores. La implementación y gestión de los cursos a través de las TIC van a necesitar que los profesionales que se dediquen a ello posean conocimientos avanzados en cuanto al diseño y planificación de cursos en las plataformas LMS, además de unos conocimientos y habilidades en tecnologías avanzados, para poder desarrollar y digitalizar las acciones formativas, así como guiar al alumnado y solventar las posibles incidencias que puedan producirse.

En el caso de la academia de enseñanza de inglés, Aprende+, Luis deberá conocer todos aquellos aspectos relativos a la gestión de la teleformación en e-learning si quiere desarrollar adecuadamente su profesión. Para este modelo de enseñanza/aprendizaje, no solo será necesario virtualizar el modelo de formación tradicional presencial, sino que será imprescindible adaptar los contenidos y objetivos del modelo a la nueva realidad de enseñanza. Para ello, Luis tendrá que desarrollar una serie de habilidades y capacidades, que son las que se verán en esta unidad.

2. El rol del gestor *e-learning*

☞ HILO CONDUCTOR

Luis deberá convertirse en un buen gestor de e-learning si quiere conseguir el objetivo propuesto de llevar sus cursos de inglés a esta nueva modalidad educativa. Para ello, deberá adoptar el rol de mánager en la plataforma Moodle, que es la elegida para implementar sus cursos de formación.

En general, en las plataformas educativas van a existir los mismos perfiles o roles para los usuarios. En concreto, en la plataforma *Moodle* el rol del gestor de cursos coincide con el que *Moodle* denomina mánager.

Las personas que tienen asignado el rol de mánager en los cursos pueden acceder a ellos y modificarlos, además de realizar ciertos trabajos administrativos dentro de la plataforma, como el alta de usuarios, la configuración de las calificaciones, etc.

Las funciones comúnmente establecidas para el gestor de formación se agrupan en tres ámbitos fundamentales: la gestión operativa, el diseño técnico-pedagógico y la gestión del equipo.

Las funciones operativas del gestor de formación son:

- Analizar el proyecto y determinar los objetivos y las necesidades de la formación.
- Establecer las metas que cumplir con la formación y gestionar los recursos disponibles para alcanzarlas.
- Dotar de estructura el proyecto formativo.
- Realizar los calendarios, presupuestos y la evaluación del proceso.

Las funciones en el ámbito técnico-pedagógico son:

- Analizar el *target* de los alumnos, es decir, el alumnado en potencia que se beneficiará de las acciones formativas.
- Determinar los formatos y herramientas con las que se realizará la acción formativa.
- Establecer el material didáctico y el entorno de aprendizaje del curso.

Las funciones como gestor del equipo son:

- Seleccionar los equipos de personas que van a participar en el proyecto.
- Asignar las tareas y roles que llevarán a cabo cada una de las personas participantes.
- Gestionar los canales y vías de comunicación.

NOTA

En resumen el gestor de formación es aquella persona que va a sentar las bases y crear el marco en el que se va a desarrollar el proyecto educativo.

- -

2.1. Coordinación operativa de un curso

El gestor de formación será la persona encargada de desarrollar la coordinación operativa de los cursos de formación *e-learning*. Para ello, será necesario que desarrolle su actividad mediante una serie de funciones específicas:

- **Función de coordinación y comunicación:** el gestor/a de *e-learning* tendrá que establecer una comunicación eficiente y operativa entre todas las personas que van a participar en el proceso educativo. De esta manera, tendrá que establecer vínculos entre profesorado, alumnado y, en general, todas las personas que participen en el proceso. Asimismo, se encargará también de gestionar la comunicación con las personas externas a la acción formativa, bien sea mediante comunicación directa o acciones de difusión.
- **Función académica:** al gestor/a de formación le corresponde establecer el currículo de la acción formativa, para lo que establecerá cuáles son los objetivos o metas con las que dicha acción formativa contará. De esta manera podrá diseñar el proceso formativo para alcanzar las metas deseadas. Atendiendo a esta función, velará también por los procesos de calidad en dichas acciones.
- **Función administrativa:** según el diseño curricular establecido, el gestor/a de formación se encargará de la planificación de las actividades y acciones a desarrollar en el curso, determinando para ello los tiempos para el desarrollo previstos y realizando su seguimiento a través de la previsión de una serie de indicadores.
- **Función de evaluación:** el gestor/a de formación se encargará de realizar la evaluación de las acciones en función del cumplimiento de los indicadores previstos, de la evaluación del programa, así como del profesorado y alumnado que participa en el mismo. También se ocupará de la implementación de estrategias para la mejora de las acciones formativas.
- **Función de investigación educativa:** derivada de las funciones anteriores, el gestor/a de formación desarrollará actividades para la generación de la aplicación innovadora del conocimiento.

IMPORTANTE

En definitiva, la gestión de las acciones formativas *online* conllevarán una serie de actividades específicas que se realizarán de forma periódica para asegurar el correcto funcionamiento del programa, así como el cumplimiento de los objetivos

Continúa en página siguiente >>

<< Viene de página anterior

y metas propuestas con la acción formativa, la actualización de los cursos, la preparación de la oferta educativa, el diseño curricular de las acciones, el seguimiento al alumnado y profesorado, la coordinación y comunicación efectiva entre todas las partes implicadas en las acciones formativas, etc.

Para llevar a cabo todas estas funciones en el desarrollo de los cursos, un gestor/a de formación debe ser versátil y aportar soluciones creativas a los problemas que se plantean en el desarrollo de los mismos. De forma general, las habilidades más importantes que debe poseer un gestor/a de formación son:

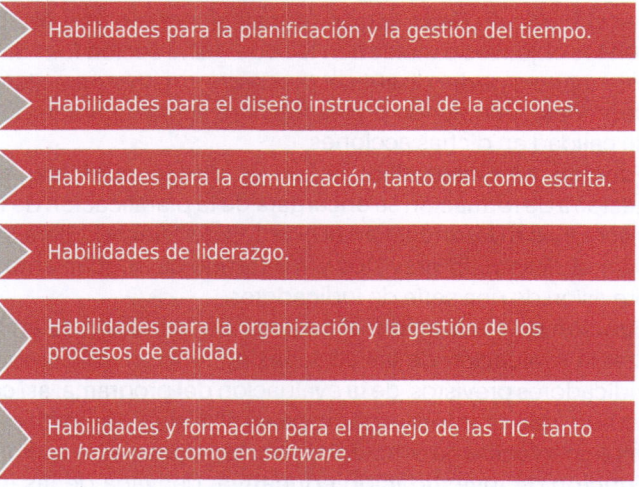

Habilidades para la planificación y la gestión del tiempo.

Habilidades para el diseño instruccional de la acciones.

Habilidades para la comunicación, tanto oral como escrita.

Habilidades de liderazgo.

Habilidades para la organización y la gestión de los procesos de calidad.

Habilidades y formación para el manejo de las TIC, tanto en *hardware* como en *software*.

Seguidamente veremos las etapas o fases en la gestión del proyecto *e-learning*.

Identificación de las necesidades y extensión

En esta fase del proyecto se determinará la necesidad con la que nace la iniciativa *e-learning*. Así, se realizará una primera aproximación al contexto de la organización, empresa o centro formativo para el que se pondrá en marcha la acción formativa *e-learning,* determinando así las necesidades de formación o capacitación que será necesario cubrir con la acción formativa.

Será necesario identificar y asegurar la participación de todas las personas interesadas en llevar a cabo la acción formativa, para obtener la información necesaria que después nos guiará en el proceso de seguimiento y evaluación de la calidad.

En este momento se determinarán cuáles son las circunstancias actuales, habrá que conocer de forma realista y práctica cuáles son las características de la organización, centro educativo, empresa, etc., y para quién se diseña la acción formativa, con el fin de conocer aquellos procedimientos que habrá que implementar para realizar las acciones.

Asimismo, debemos formalizar el proyecto. Una vez hemos identificado las necesidades y las características actuales, se podrá establecer la modalidad más adecuada para la impartición de la acción formativa, decidiendo entre *e-learning, b-learning* o *m-learning,* determinando con esto el grado de interactividad de la acción formativa, además de hacer un primer diagnóstico de los recursos necesarios para llevar a cabo dicha acción. Igualmente se esbozarán los recursos pedagógicos, el desarrollo de los materiales, el diseño didáctico, la producción de los contenidos digitales, la elección de la plataforma o LMS, etc.

 **NOTA**

La modalidad *e-learning* se desarrolla íntegramente a distancia usando las TIC para ello; la modalidad *b-learning* combina clases presenciales con el formato *online,* y la modalidad *m-learning* está adaptada al uso de los *smartphones.*

En resumen, podremos decir que en esta fase es muy importante plasmar por qué se está realizando el proyecto *e-learning,* así como el alcance que se pretende dar al mismo, determinando los recursos con los que cuenta la organización y los recursos externos que serán necesarios.

Objetivos y temporalización

En esta fase nos centraremos en el desarrollo y establecimiento de objetivos en la acción formativa; de esta manera, tendremos que establecer de forma clara y concisa cuál será el objetivo de dicha acción. Es importante tener en cuenta que dichos objetivos tendrán que ser medibles y cuantificables, para poder realizar posteriormente su evaluación.

De igual forma hay que realizar la temporalización de las acciones que se van a desarrollar para poner en marcha la acción formativa. Así, tendremos que definir los tiempos para las siguientes acciones:

Especificación

Durante esta etapa se recopilarán los materiales y se perfilará la estructura básica del curso, así como las herramientas y los principios básicos de trabajo. Se establecerán las siguientes pautas:

- Plataforma y navegadores recomendados. La tendencia de uso de adaptación a estándares hace que las exigencias en este sentido no sean demasiado determinantes, pues, por ejemplo, la mayoría de los navegadores en uso podrán funcionar sin problemas.
- Se definirá cómo se realizará el seguimiento al alumnado (reporteo).
- Se establecerán los formatos de los archivos que se usarán durante la acción formativa.
- Se concretarán las características de la navegación y la identidad gráfica del curso, los colores, temas e interfaces que se usarán en la plataforma, así como los rasgos corporativos.
- Se determinará el *target* del alumnado.

 ACTIVIDAD COMPLEMENTARIA

4. Imagina que vas a impartir un curso sobre alimentación saludable. Para ello, tienes que describir el *target* del alumnado al que lo vas a dirigir.

Producción

En esta etapa se va a materializar el trabajo realizado previamente en cuanto al diseño de la acción formativa, para lo que será necesario:

- ⮞ Mapear la experiencia completa.
- ⮞ Realización del guion y diseño instruccional de la acción formativa.
- ⮞ Producción de las pantallas con respecto al guion.
- ⮞ Implementación del contenido de la plataforma educativa, conforme a las *interfaces* de usuario previamente diseñadas.
- ⮞ Producción multimedia de los contenidos y actividades de la acción formativa.
- ⮞ Es importante que toda la ejecución de las acciones esté acompañada por el guion de un sistema de calidad que sea medible y evaluable para la posterior evaluación de la calidad de los procesos.

En la fase de producción se realizará el guion y el diseño instruccional de la acción formativa.

Evaluación

En esta última etapa del proceso de realización de la acción formativa de *e-learning* se ejecutarán pruebas de evaluación de la calidad, tanto de los contenidos como de las funcionalidades de los diferentes navegadores, la plataforma y los dispositivos necesarios para la realización de la acción formativa.

IMPORTANTE

También será necesario evaluar la capacidad de la plataforma para soportar el flujo de usuarios que están predefinidos para realizar la acción formativa, y las interacciones que deben realizar en ella al mismo tiempo.

2.2. Seguimiento y aseguramiento de la calidad formativa

En cuanto al aseguramiento de la calidad formativa, el diseño de la acción formativa *e-learning* deberá tener en cuenta los siguientes ítems:

- Determinar si la acción formativa es lo suficientemente práctica, y contiene las suficientes actividades y ejercicios para el aprendizaje del alumnado.
- Evaluar si los objetivos de la acción formativa son claros y medibles.
- Revisar si la metodología de la acción formativa es la adecuada para su seguimiento, y si es clara para los participantes en el curso.
- Implementar diferentes tipos de evaluación de las actividades, de diagnóstico, formativa y sumativa, para asegurar una evaluación correcta del alumnado participante.
- Revisar la actualización de los contenidos formativos, así como que la estructura del curso sea la correcta y que la información contenida en la acción formativa sea práctica y útil.
- Asegurar que existe retroalimentación en las acciones y actividades a desarrollar en el curso.
- Comprobar si la motivación del alumnado se ha mantenido activa a lo largo de la acción formativa.

NOTA

A nivel técnico, para evaluar la calidad de las acciones formativas *e-learning* tomaremos una serie de indicadores medibles y cuantificables en relación a tres aspectos fundamentales para el desarrollo del curso: la plataforma, los contenidos formativos y la acción tutorial.

- -

La correcta elección de la plataforma *e-learning* o LMS es de vital importancia, ya que en este medio es donde se van a interconectar todos los componentes de la acción formativa: profesorado, alumnado y contenido formativo. La elección de la plataforma educativa debe realizarse en función de la experiencia del usuario deseada y de que facilite el trabajo del profesorado. Además, ha de permitir un óptimo seguimiento del progreso del alumnado, así como su correcta evaluación.

Podemos definir los siguientes indicadores en cuanto a la calidad de la infraestructura de la plataforma:

Disponibilidad
- Una de las ventajas que ofrece el *e-learning* como método educativo es la flexibilidad, así como la capacidad para adaptarse a los diferentes ritmos, tiempos y habilidades del alumnado, por lo que la plataforma deberá estar operativa el máximo tiempo posible; lo ideal es que pueda usarse las 24 h del día y los 7 días de la semana.

Requisitos mínimos de uso
- Continuando con la flexibilidad de la educación *e-learning*, la plataforma deberá contener unos requisitos técnicos mínimos básicos, para que sea accesible con cualquier tipo de conexión a internet y navegador, sin necesidad de instalación de complementos que hagan que el proceso técnico de acceso a la misma sea complejo.

Interoperabilidad
- Con este indicador podremos establecer la eficiencia de la plataforma. Tendremos que establecer si la plataforma ofrece posibilidades para la integración con herramientas externas, para la obtención de informes y resultados de evaluación o la realización de matriculaciones del alumnado.

Reconocimiento biométrico
- Una de las principales desventajas que podemos encontrar en la formación *e-learning* es asegurar el reconocimiento del alumnado que realiza las acciones y actividades. Así, la plataforma debe contar con sistemas de verificación de la identidad de los usuarios y que son estos y no otras personas quienes realizan las actividades. La identificación biométrica del alumnado puede realizarse mediante capturas de imágenes, vídeo o patrones de tecleo.

 **TAREA 5**

Estamos impartiendo un curso sobre enología y tenemos matriculados alumnos y alumnas de diferentes partes del mundo. Con el curso vamos a ofrecer una

Continúa en página siguiente >>

<< *Viene de página anterior*

certificación que otorgará a los participantes la posibilidad de acceder a un congreso internacional sobre enología muy prestigioso.

¿Qué indicadores de calidad de los que hemos visto serán más importantes para el desarrollo del curso?

En cuanto al aula virtual, podemos destacar los siguientes indicadores para establecer la calidad de las acciones formativas:

- **Usabilidad y facilidad de navegación:** el aula virtual será el entorno donde se desarrollarán las interacciones del alumnado en la plataforma, con los contenidos educativos, actividades y también con el profesorado y el resto de alumnos/as. Es por ello que el aula virtual deberá presentar suficientes funcionalidades, estar bien organizada y ofrecer una navegación sencilla e intuitiva.
- **Multidispositivo:** otro de los indicadores de calidad consistirá en que el aula virtual sea accesible desde cualquier dispositivo, ordenadores, tabletas, *smartphones,* etc., y deberá ofrecer una experiencia de usuario adaptada al dispositivo que se use en cada momento.
- **Comunicación asíncrona:** la flexibilidad del entorno del aula virtual en este sentido es determinante; el aula virtual deberá disponer de dispositivos que aseguren que tanto la comunicación privada, entre los diferentes miembros de la comunidad educativa como aquellas participaciones que se realicen en foros o chats pueden realizarse de forma asíncrona, para permitir los diferentes ritmos en el proceso formativo del alumnado.
- **Comunicación síncrona:** de igual modo, el aula virtual deberá poseer la capacidad de realizar videoconferencias, chats o foros de forma síncrona por todos los participantes en las acciones formativas, y desde los diferentes dispositivos desde los que los participantes puedan conectarse.
- **Evaluación:** el aula virtual deberá permitir la evaluación de los trabajos y ejercicios prácticos, así como de los elementos de foros y chats que puedan ser requeridos. Las evaluaciones deben ser eficaces y fiables, y permitir la retroalimentación del alumnado.
- **Biblioteca de servicios:** el aula virtual ha de ofrecer la posibilidad de enlazar con contenidos externos, y poder proporcionar recursos extra.
- **Seguimiento evaluativo del alumnado:** el alumnado deberá tener la posibilidad de conocer su progreso en la acción formativa en todo momento. El aula virtual deberá poseer herramientas para poder ofrecer esta información al alumnado en cualquier momento.

Por último, los indicadores con respecto a la administración del curso son:

- **Compatibilidad con *SCORM* u otros estándares:** la plataforma deberá permitir la importación y exportación de las acciones formativas a otros recursos externos.
- **Herramientas de dinamización:** la plataforma educativa deberá contener herramientas y elementos que permitan el seguimiento del alumnado en las acciones formativas, con el objetivo de poder motivar y dinamizar la participación de los mismos y evitar el abandono de las acciones.
- **Informe detallado del alumnado:** se trata de un indicador de transparencia por el que la plataforma deberá permitir obtener toda la información relativa al proceso educativo del alumnado de forma organizada y detallada, para así poder certificar la formación recibida por los/as alumnos/as.
- **Comunicación externa:** la plataforma deberá permitir la posibilidad de enviar *e-mails* o SMS al alumnado para informar de las diferentes acciones.
- **Encuesta de satisfacción:** es importante que se permita realizar una encuesta con la satisfacción de la formación recibida por parte del alumnado; esto servirá para implementar mejoras y para evaluar el sistema con el que se está trabajando.
- **Informe del estado de los cursos:** se deberá permitir la extracción de informes del estado de las diferentes acciones formativas o cursos, ya que podemos obtener información relativa al desarrollo de diferentes cursos que podamos tener alojados en la plataforma.
- **Informe de tutores:** la plataforma nos deberá permitir obtener informes para supervisar y evaluar el trabajo del profesorado que se ha encargado de llevar a cabo las diferentes acciones formativas.
- **Actas y calificaciones:** para la certificación de las acciones formativas será importante establecer claramente y parametrizar los criterios a través de los cuales se van a realizar las evaluaciones de los cursos. Lo idóneo es que permita la extracción de datos numéricos que posibiliten comprobar de manera inequívoca si el alumnado ha superado con éxito el proceso formativo o no.
- **Diplomas y certificados:** la plataforma deberá ofrecer la posibilidad de extraer el diploma o certificado de manera personalizada y automática.
- **Sistema de autor:** la plataforma deberá poseer la posibilidad de crear y actualizar contenidos y recursos educativos.

3. Diseño de acciones formativas en modalidad *e-learning* y *b-learning*

☞ HILO CONDUCTOR

Una vez que Luis ha conseguido plasmar el guion de su curso, con todas las acciones que esto conlleva y poniendo en práctica los indicadores de calidad, es el momento de comenzar a virtualizar los nuevos cursos que ha creado para su academia.

Mucho se ha trabajado sobre el *e-learning* y sus características. Sin embargo, no hemos profundizado en la modalidad *b-learning* o *Blended Learning*. Esta modalidad educativa consiste en combinar la modalidad *e-learning* con la modalidad presencial, realizando acciones formativas de carácter mixto, con el objetivo de aunar las ventajas de ambos tipos de aprendizaje.

3.1. Virtualización de contenidos

La virtualización de los contenidos educativos consistirá en la adaptación de los mismos para pasar de la modalidad educativa presencial a la modalidad educativa *e-learning*.

Para virtualizar de forma adecuada los contenidos de enseñanza es imprescindible tener en consideración que es imprescindible que la metodología del aprendizaje va a cambiar necesariamente: no podemos simplemente traspasar los contenidos de un curso realizado para educación presencial a un modelo educativo *e-learning*. Si pretendemos "subir" directamente los cursos desarrollados para modalidades presenciales a una plataforma LMS, el curso será irremediablemente un fracaso. Para desarrollar una acción formativa en modalidad *e-learning*, hay que implementar una nueva metodología educativa, para adaptar y transformar los contenidos.

Para una correcta virtualización de los contenidos será necesario llevar a cabo las siguientes **etapas:**

Revisión y análisis de los contenidos
- Será necesario revisar los contenidos previos y establecer cuál podemos usar y cuáles no. En esta etapa decidiremos la metodología a seguir en el curso.

Objetivos y didáctica
- Será necesario redefinir los objetivos, para adaptarnos a la metodología *e-learning*. Asimismo, estableceremos el guión con los contenidos y las actividades y definiremos la forma de evaluación (guía didáctica).

Requerimientos tecnológicos
- Una vez hemos establecido la didáctica para seguir la acción formativa, donde ya tenemos definidos los objetivos, contenidos, actividades y evaluación, se pasará a adaptar el material a la tecnología seleccionada para la producción de vídeos, actividades interactivas, audios, etc. Lo ideal es que se consiga realizar el curso de la manera más interactiva posible.

Identificar y estructurar los contenidos del aprendizaje
- En este apartado seleccionaremos el formato y diseño de los contenidos, vídeo, presentaciones, etc., así como evaluar si el curso necesitará materiales complementarios.

Desarrollo y evaluación
- Se transformará el contenido del material en aprendizaje digital, se realizarán las pertinentes pruebas de funcionamiento y se evaluará la calidad del mismo.

NOTA

Una vez determinada la estructura y definidas cada una de las actividades e interacciones deseadas en la acción formativa, podremos pasar a convertirlas al formato digital *e-learning*, para lo que será ideal que todas las actividades creadas estén realizadas en un formato normalizado. De esta manera, se podrán reutilizar y reeditar en futuras acciones formativas.

A lo largo de la primera unidad se vio en profundidad cómo realizar cada uno de los diferentes contenidos de un curso en la plataforma *Moodle,* y también cómo diseñar materiales interactivos con *H5P,* para lo que necesitamos instalar el programa en nuestro ordenador y seguir las instrucciones para habilitarlo (recordemos que es un *software* libre). A partir de este momento podemos subir contenidos ya creados.

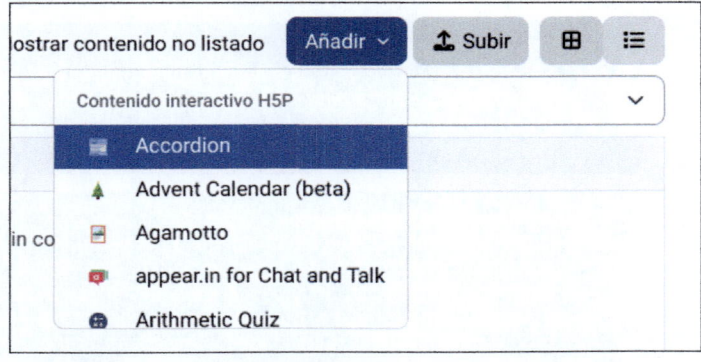

Añadir contenidos H5P

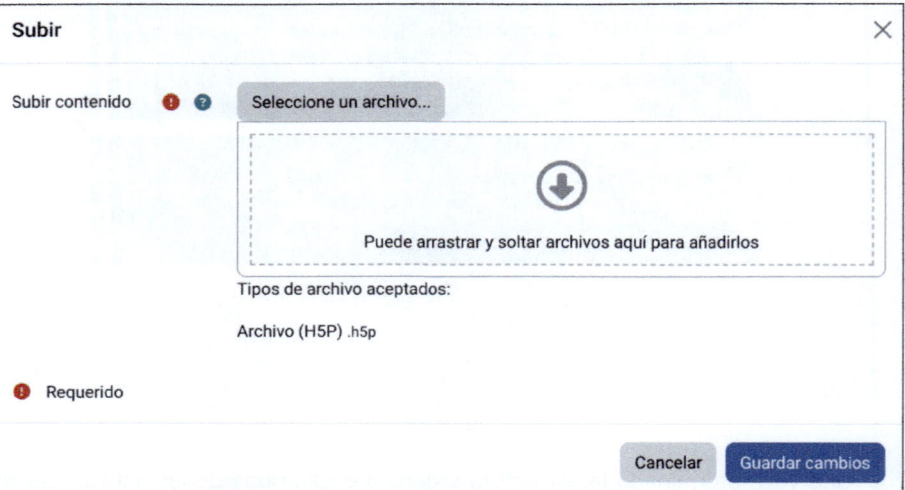

Subir contenidos H5P ya creados

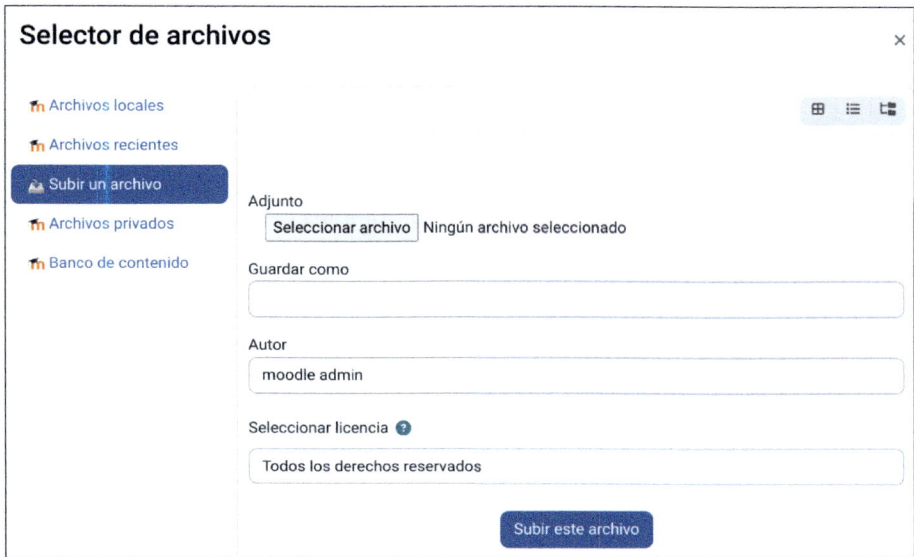

Seleccionar el archivo H5P ya creado

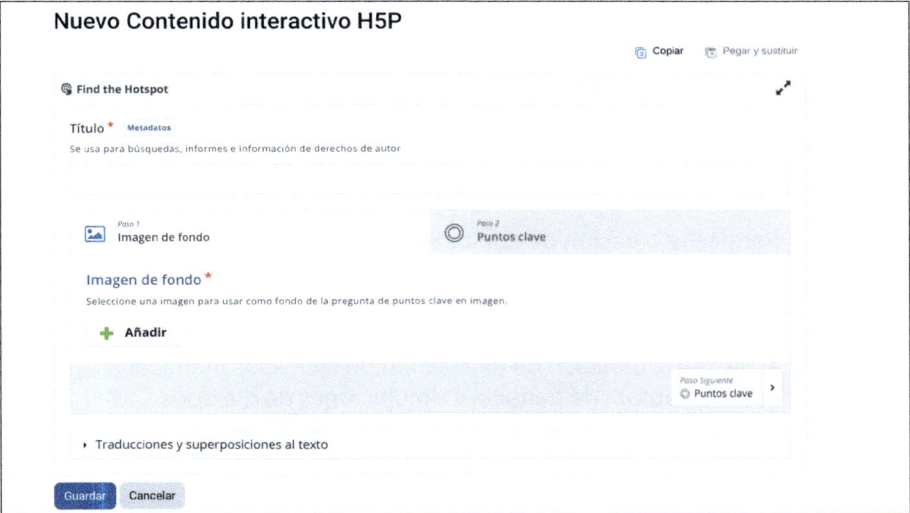

*Vista de la subida de archivos H5P ya creados. También podemos seleccionar **Crear contenido,** para crear nuevo contenido H5P para el curso en Moodle.*

Existe una extensa modalidad de contenidos diferentes para crear con *H5P;* para comprobarlos, ver la Unidad 1.

Además de esta herramienta, existen otras en el mercado que permiten crear contenidos para *e-learning.* Algunas de ellas son las siguientes:

⮑ **Articulate 360:** es un paquete de programas para la creación de contenidos *e-learning,* que incluye *Storyline 360* y *Rise 360.* Sus principales características son:

  ◑ Permite la creación de la mayoría de los modelos de contenidos *online.*
  ◑ Es de fácil uso, por lo que permite su utilización por principiantes, así como personas más expertas.
  ◑ *Rise 360* posibilita que se creen diseños de contenidos a partir del navegador, sin tener que instalar *software* previamente en el equipo.
  ◑ Contiene una serie de modelos y plantillas que permiten la creación de actividades y cuestionarios a partir de ellos, con lo que se facilita su uso.
  ◑ Posee una gran biblioteca de imágenes, iconos, plantillas, etc.
  ◑ Permite algunas posibilidades de personalización de los contenidos.
  ◑ Contiene un servicio de soporte técnico, tanto por chat como por *e-mail.*
  ◑ No es de uso libre.

⮑ **iSpring Suite:** es un conjunto de herramientas basado en *PowerPoint* de *Microsoft.* Sus principales características son:

  ◑ Permite la creación de cursos *e-learning* de forma muy rápida y sencilla.
  ◑ Basado en *PowerPoint,* por lo que a cualquier usuario que haya usado este programa le resultará de muy fácil uso.
  ◑ Posibilita la creación de evaluación de ejercicios interactivos, grabación de captura de pantalla y simulaciones de diálogos.
  ◑ Posee una gran biblioteca, con fondos, personajes, iconos, etc.
  ◑ Exporta los contenidos creados a modelos normalizados como *SCORM.*
  ◑ Es ideal para convertir los contenidos previos en *PowerPoint* y virtualizarlos.
  ◑ Contiene servicio técnico por chat y por *e-mail.*
  ◑ Depende de Microsoft *PowerPoint* y no es un *software* libre.

⮑ **Adobe Captative:** es una herramienta más compleja de uso que las anteriores, pero también es la que permite mayores opciones en la creación de los contenidos. Sus principales características son:

۞ Contempla la posibilidad de creación de contenidos en *mobile learning,* vídeos interactivos y realidad virtual.

۞ Permite la creación de multitud de contenidos, aunque el perfil de usuario es más técnico.

۞ Es una herramienta muy útil en la creación de cursos *e-learning* de enseñanza/aprendizaje de *software* gracias a que tiene un simulador integrado.

۞ Usa vídeos e imágenes en 360°, con la posibilidad de hacer vídeos interactivos.

۞ Cumple con los principales estándares de accesibilidad.

۞ Dispone de sistema de conversión de texto en voz.

۞ Permite la creación de actividades de *Drag and drop* y la importación de archivos CSV.

۞ Permite la grabación de vídeos en multipantalla HD.

۞ Contiene una gran biblioteca de recursos gráficos.

۞ Permite exportar los contenidos a *SCORM,* y otros sistemas de normalización.

۞ Permite la integración en cualquier plataforma de teleformación que esté adaptada a formatos estandarizados.

۞ No es un *software* libre.

➲ **eXeLearning:** es una herramienta de *software* libre, contiene una interfaz muy sencilla por lo que su uso es muy fácil. Sus principales características son:

۞ Es la herramienta de todas las vistas que tiene un uso más fácil e intuitivo.

۞ Permite la personalización de las plantillas.

۞ Dispone de funcionalidades básicas para la creación de contenidos virtuales: como acordeón, pestañas, líneas de tiempo, etc., además de diseño de actividades e inclusión de imágenes, vídeos, audios, etc.

۞ Permite la exportación a *SCORM* y la integración en plataformas que usen sistemas normalizados.

۞ Se puede configurar en varios idiomas para su uso.

۞ Facilita la organización y distribución de contenidos *e-learning.*

۞ No contiene servicio de soporte técnico, pero sí existe un foro de ayuda en el que se pueden resolver las dudas.

3.2. Dimensionamiento y temporalización

Siguiendo el esquema que nos ocupa, el paso siguiente será dimensionar el contenido que tenemos para la realización del curso o acción formativa.

Así, realizaremos un esquema del mismo, y lo ordenaremos según los objetivos propuestos del curso. De esta manera, tendremos una secuencia de los contenidos y actividades relacionados con cada bloque, que nos llevará al cumplimiento de los objetivos propuestos.

Para la organización de estos contenidos es recomendable crear una guía didáctica del curso, que nos servirá tanto para guiar el trabajo del desarrollo de dicho curso como para ofrecer al alumnado dicha guía a modo de presentación de la acción formativa.

A continuación, realizaremos su temporalización, con lo cual tendremos que distribuir nuestros contenidos y actividades en el tiempo. Existen dos tipos de temporalización:

Temporalización a largo plazo
- Será la organización a largo plazo del curso completo, para lo que se tendrán en cuenta los recursos disponibles, la metodología que usar, si el curso es modalidad *e-learning* o *b-learning;* en este último caso, será necesario desarrollar un cronograma contando con las disponibilidades de aulas, etc. Asimismo, en la temporalización a largo plazo se tendrán en cuenta, en su caso, los días festivos, vacaciones, etc.

Temporalización a corto plazo
- En esta temporalización se detallarán las unidades didácticas y unidades de aprendizaje que alcanzar en un plazo de tiempo determinado, que pueden ser semanas, quincenas, meses, etc.

Para la temporalización a corto plazo, se tendrá en cuenta cada unidad didáctica. De este modo, estableceremos para cada una de ellas la fecha de inicio y de fin, así como los días útiles en los que se deberá realizar dicha unidad.

3.3. Planificación

Para la planificación de los cursos en modalidad *e-learning* y *b-learning* estableceremos una serie de categorías, que nos hará las veces de guía didáctica y que facilitará el trabajo de elaboración del curso o acción formativa.

Para ello podremos plasmarlo en una serie de ítems, sobre los que es posible establecer una tabla, de manera que veamos en un simple vistazo toda la información de relevancia en el curso.

Responsable de la acción formativa	
Fecha de inicio	
Fecha de fin	

Nombre del módulo	
Objetivos generales	
Objetivos específicos	
Justificación	
Competencias a lograr	
Profesorado implicado	

Contenidos	
Metas del aprendizaje	
Recursos a utilizar	
Estrategias de comunicación y seguimiento	
Protocolo de seguimiento	
Tiempo general y específico	

Metodología de evaluación	Contenidos y actividades a evaluar	Porcentaje de la evaluación asignado

TAREA 6

Isabel María Martínez es la encargada del departamento de cocina de una empresa del sector de la formación *online*. En este momento debe realizar una guía formativa para un curso de concina con microondas que se llevará a cabo en la modalidad formativa *e-learning*.

Desarrolla una guía didáctica con todos los apartados que se han visto anteriormente para dicho curso.

- -

3.4. Recursos

Llamamos recursos a aquellos materiales compuestos por medios digitales que se producen con el fin de facilitar el desarrollo del proceso de enseñanza/aprendizaje a través de *e-learning*.

Para tal fin vamos a destacar dos tipos de recursos digitales: por un lado, los programas informáticos que nos va a facilitar la creación de los diferentes recursos; por otro lado, los bancos de recursos que existen en la web y que podremos usar para implementar la calidad de los contenidos de una acción formativa *e-learning*.

Para la creación de recursos de vídeo, existen los siguientes recursos:

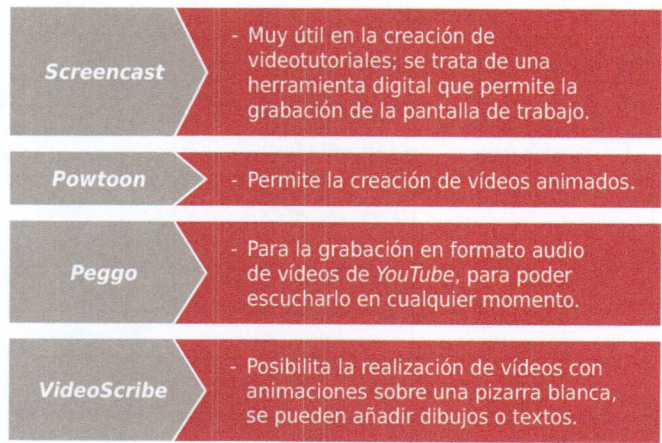

Screencast — Muy útil en la creación de videotutoriales; se trata de una herramienta digital que permite la grabación de la pantalla de trabajo.

Powtoon — Permite la creación de vídeos animados.

Peggo — Para la grabación en formato audio de vídeos de *YouTube*, para poder escucharlo en cualquier momento.

VideoScribe — Posibilita la realización de vídeos con animaciones sobre una pizarra blanca, se pueden añadir dibujos o textos.

Para la creación de recursos de imágenes, existen los siguientes recursos:

- **Iloveimg:** permite la edición y gestión de imágenes, que se pueden comprimir y cambiar de tamaño.
- **Removebg:** usando este programa es posible eliminar los fondos de las imágenes.
- **Fotor:** para la edición y creación de *collages* o realización de diferentes diseños con las mismas.
- **Gimp:** es una versión gratuita de *Photoshop* con la que se pueden editar las imágenes o crearlas.

Para la creación de contenidos, existen los siguientes recursos:

- **Canva:** para la creación de presentaciones y *post* para redes sociales, también permite la creación de GIF animados y vídeos.
- **Genially:** posibilita la creación de presentaciones interactivas.
- **Flipsnack:** permite la creación de catálogos, folletos y revistas digitales.
- **Desygner:** para la creación en general de contenido digital.

Para la creación de encuestas, existen los siguientes recursos:

- **Typeform:** posibilita la creación y el diseño de encuestas interactivas.
- **Google Forms:** para la creación virtual de encuestas, es de fácil acceso y uso.
- **SurveyMonkey:** sirve para la creación de encuestas con comentarios en tiempo real y a gran escala.
- **Jotform:** permite la incorporación de un minicalendario a la encuesta o un sistema de votación gráfico.

Para crear recursos de presentaciones, existen los siguientes recursos:

- **Prezi:** herramienta que posibilita la creación de presentaciones interactivas.
- **Slidesgo:** contiene una gran biblioteca de plantillas para la creación de presentaciones.
- **SlideShare:** para la publicación de presentaciones, permite colocar un *link* para enviarlo o publicarlo en cualquier parte.
- **Google Slides:** permite el trabajo desde la nube, lo que posibilita el acceso a la presentación desde cualquier parte.

También podemos encontrar en la web diferentes bancos de recursos:

Freevector	Freesound

Se trata de una página web donde se pueden descargar vectores de manera gratuita, que podremos descargar en formato .zip.	Es un banco de recursos desde donde se pueden descargar sonidos simples, como el derrape de un coche, un clic de ratón, etc., en formato mp3.
https://redirectoronline.com/ssce230201	*https://redirectoronline.com/ssce230202*

Freepik	Office de Microsoft

Página de recursos donde se pueden encontrar vectores, imágenes y archivos en PSD.	Ofrece una biblioteca de imágenes de calidad para usar como recursos.
https://redirectoronline.com/ssce230203	*https://redirectoronline.com/ssce230204*

Continúa en página siguiente >>

<< Viene de página anterior

Subtlepatterns	*Archive 3D*

Página web desde donde descargar texturas, para el desarrollo de aplicaciones y de App móvil. Los archivos se descargan en .zip.	Ofrece una biblioteca de imágenes de calidad para usar como recursos.
https://redirectoronline.com/ssce230205	*https://redirectoronline.com/ssce230206*

Dafont

Página web que permite la descarga de diferentes tipos de fuentes.
https://redirectoronline.com/ssce230207

 ## ACTIVIDAD COMPLEMENTARIA

5. Identifica al menos una aplicación para la creación de mapas conceptuales.
6. Busca algún ejemplo de banco de recursos para usar en los cursos que permita descargar y usar imágenes de manera gratuita.

3.5. Competencias digitales docentes

Hasta el momento hemos estado centrados en el rol y funciones del gestor de cursos *e-learning;* ahora veremos aquellas habilidades y características que debería desarrollar el profesorado de los cursos *e-learning.* En muchas ocasiones puede que el profesorado y el gestor sean la misma persona.

El profesorado de las acciones formativas *e-learning* deberá desarrollar una serie de competencias básicas:

Competencias tecnológicas
- Dominar destrezas técnicas para el uso de los medios y herramientas de las plataformas LMS.
- Destrezas en el uso de internet y las TIC.

Competencias didácticas
- Adaptación a los nuevos formatos de enseñanza.
- Habilidades para el diseño de los ambientes de aprendizaje autónomos y autorregulados por el alumnado.
- Capacidad para la creación de materiales didácticos interactivos, así como el uso de recursos digitales en los procesos de enseñanza/aprendizaje.

Competencias tutoriales
- Adaptación a las formas de comunicación, tanto síncrona como asíncrona, con el alumnado.
- Ofrecer *feedback* con la realización de las actividades propuestas.
- Flexibilidad para la adaptación a los diferentes tipos de alumnos/as con diferentes motivaciones, intereses y ritmos de aprendizaje.
- Habilidades para el seguimiento personalizado al alumnado en el proceso de enseñanza/aprendizaje.

Las principales funciones que desarrollarán los docentes de los cursos de formación *e-learning* son las siguientes (según la clasificación establecida por Gisbert, 2002):

- **Consultores de formación:** centrados en la búsqueda y provisión de materiales al alumnado para guiar el proceso de enseñanza aprendizaje, se encargarán de la orientación del alumnado a lo largo del proceso.
- **Colaboradores del grupo:** facilitarán el trabajo colaborativo y la interrelación de los participantes para conseguir los objetivos de aprendizaje.

⇨ **Trabajadores solitarios:** deberán aprovechar los entornos virtuales para la motivación del alumnado, disminuir el aislamiento y facilitar la creación de una comunidad de aprendizaje.

⇨ **Facilitadores del aprendizaje:** aportar información al alumnado, proveer de recursos didácticos para el desarrollo de las acciones e implementar acciones para desarrollar un proceso de aprendizaje individualizado adaptado a los ritmos de aprendizaje de cada alumno/a.

⇨ **Desarrolladores de cursos y materiales:** parte de su trabajo consistirá en la planificación, el diseño y el desarrollo de los cursos *online*.

⇨ **Supervisores académicos:** realizar diagnósticos de las necesidades del alumnado, orientar al alumnado en la elección de las diferentes opciones académicas, realización del seguimiento y evaluación del alumnado.

3.6. Digitalización de los procesos y documentación de seguimiento

Es muy importante de cara a posibles auditorías o la presentación de informes a empresas, alumnos, autoridades competentes, etc., custodiar por un plazo determinado la información relativa a la gestión y el desarrollo de las acciones formativas *online*. En la mayoría de las ocasiones la documentación que puede ser requerida es la siguiente:

⇨ Los registros de actividad/interacción con el programa (incluyendo la asistencia tutorial y la realización de controles de aprendizaje).

⇨ Controles de aprendizaje, exámenes y pruebas de evaluación.

⇨ Los contenidos y recursos didácticos.

⇨ La guía didáctica que se entrega a los alumnos o que está disponible en la plataforma para su descarga.

⇨ *Curriculum vitae* y acreditaciones del tutor.

⇨ Justificante de entrega de cuestionarios de evaluación de calidad de las acciones formativas.

⇨ Acreditación de entrega de certificados de participación o diplomas.

IMPORTANTE

En el caso de los cursos de la plataforma *Moodle*, toda esta documentación podrá ser extraída en formato digital, sumando para ello las opciones que aparecen determinadas en el apartado de configuración de los cursos. De

Continúa en página siguiente >>

<< Viene de página anterior

esta manera, se podrán extraer los correspondientes informes de actividad y seguimiento de las acciones, así como el resto de documentación pertinente. Será necesario conservar en algunos casos la documentación en formato digital durante años, por lo que será necesario implementar sistemas de archivos con capacidad suficiente, dependiendo del volumen de cursos y alumnado con el que estemos trabajando.

Será necesario guardar una copia de los certificados entregados al alumnado por su participación en las acciones formativas.

3.7. Otros

Es interesante hacer una especial reseña al *m-learning,* ya que a lo largo del curso se han visto las características del *e-learning* y también del *b-learning,* pero no se ha hablado mucho sobre *m-learning* o *Mobile Learning*. Este tipo de acciones formativas nos realizan una aportación extra a la hora de llevar a cabo cursos en modalidad *e-learning*.

El *m-learning* se crea para poder ejecutarse en nuestros *smartphones* y tabletas, con lo que sus principales características van a ser la multifuncionalidad, la conectividad, la personalización, la diversidad, la flexibilidad y la accesibilidad, pues está disponible en cualquier hora del día y en cualquier lugar.

A pesar de que deriva del *e-learning,* y puede encajar perfectamente en las modalidades *b-learning,* la diferencia fundamental va a radicar en que los contenidos diseñados para formato *m-learning* son más ligeros, pues los de *e-learning* son más amplios y detallados. Por su parte, en *m-learning* se usarán minisesiones educativas, con imágenes, vídeos y *checklist* sencillos de recordar y de no demasiada duración, pues las condiciones de visibilidad y atención no van a ser las óptimas.

No obstante, casi todas las plataformas educativas *e-learning* incluyen elementos que pueden ser adaptados a *m-learning,* y lo ideal será poder realizar combinaciones entre los sistemas o modelos de aprendizaje para logar un desarrollo óptimo de las acciones formativas.

Existen en el mercado aplicaciones móviles que pueden usarse para la realización de acciones formativas. Algunas de ellas son:

Udemy Mobile
- Se trata de una aplicación gratuita, ideal para la realización de MOOCS, accesible desde las versiones *Android* e *iOS*. Contiene gran cantidad de cursos *m-learning*.

Skill Pill
- Accesible desde *iOS* y *Android*, ofrece gran cantidad de cursos *e-learning*. La aplicación es gratuita y presenta la posibilidad de desarrollar cursos específicos bajo demanda.

DesignJot
- No es una aplicación gratuita, pero es la primera creada para ayudar a los diseñadores de formación a desarrollar capacitaciones *m-learning*.

BoostHQ
- Se trata de una aplicación móvil gratuita que permite compartir contenido y enviar información útil a círculos de personas. Es compatible con *Android* e *iOS*.

TAREA 7

En el caso de Luis de la academia de inglés Aprende+, ¿cómo crees que podría combinar los métodos *e-learning, b-learning* y *m-learning,* para el desarrollo de las acciones formativas? Desarróllalo.

----

4. Resumen

El gestor de la formación *e-learning* será la persona encargada de la administración de las acciones formativas *online,* y entre sus funciones está la planificación y el desarrollo de dichas acciones formativas. Esta es la persona encargada de llevar a cabo las ideas para proyectar las acciones formativas en la modalidad *e-learning,* por lo que debe conocer al detalle los procesos para la realización de dichas acciones.

Los gestores de formación *online* deberán establecer para ello una guía didáctica en la que se recojan todos los aspectos relevantes de la formación que se va a proyectar, los objetivos, la temporalización, las actividades, etc. También serán los encargados de establecer los perfiles de los usuarios y de sus altas en el sistema LMS. En definitiva, toda la gestión y organización de las acciones pasará por sus manos.

De igual manera, deben conocer los recursos disponibles en el mercado para la realización de las actividades didácticas, y los diferentes formatos en los que llevar a cabo las acciones formativas, para determinar la necesidad de que sean totalmente *online* o semipresenciales, es decir, deben diferenciar entre acciones formativas *e-learning* y *b-learning,* además de conocer las posibilidades que ofrecen los *smartphones* para complementar las acciones formativas *e-learning.*

Ejercicios de autoevaluación
Unidad de Aprendizaje 2

1. El gestor de formación en la plataforma *Moodle* coincide con el rol de _____.

   a. mánager
   b. administrador
   c. profesor
   d. invitado

2. ¿Cuál de los siguientes no es un ámbito en el que se desarrolle el trabajo del gestor de formación?

   a. Gestión operativa.
   b. Diseño técnico-pedagógico.
   c. Administración-económico.
   d. Gestión del equipo.

3. Determina si la siguiente oración es verdadera o falsa: "La habilidad de liderazgo es una habilidad requerida en los gestores de formación".

   ■ Verdadero
   ■ Falso

4. ¿Cuál de los siguientes no es una fase de la creación de un proyecto *e-learning*?

   a. Identificación de las necesidades y extensión.
   b. Objetivos y temporalización.
   c. Preproducción.
   d. Especificación.

5. ¿Cuáles de las siguientes fases forman parte de los objetivos y la temporalización?

   a. Programación
   b. Inicio

c. Planificación

d. Ejecución

6. **Determina si la siguiente oración es verdadera o falsa: "En la fase de producción será necesario mapear la experiencia completa".**

   ■ Verdadero
   ■ Falso

7. **¿A qué hace referencia el indicador de reconocimiento biométrico dentro de los indicadores de calidad?**

   a. A la verificación de identidad de los usuarios.
   b. A la accesibilidad de los usuarios a la plataforma.
   c. A la obtención de evaluaciones.
   d. A la obtención del certificado de evaluación.

8. **¿Cuáles de los siguientes son indicadores de calidad de las aulas virtuales?**

   a. Usabilidad
   b. Comunicación síncrona
   c. Comunicación asíncrona
   d. Las opciones a y c son correctas.

9. **El programa que viene predeterminado por *Moodle* para la creación de contenidos interactivos se denomina _____.**

   a. H5P
   b. M3C
   c. *iSpring*
   d. *Articulate 360*

10. **Determina si la siguiente oración es verdadera o falsa: "Una de las principales funciones de los docentes en *e-learning* será consolidar su liderazgo".**

   ■ Verdadero
   ■ Falso

Glosario

Biométrico
Estudio mensurativo o estadístico de los fenómenos o procesos biológicos.

B-learning
Modalidad educativa que combina clases presenciales con el formato *online*.

Captcha
Es el acrónimo de *Completely Automated Public Turing test to tell Computers and Humans Apart,* en español, "prueba de Turing completamente automática y pública para diferenciar ordenadores de humanos".

Chat
Es una herramienta de comunicación a tiempo real que permite las conversaciones entre los usuarios que en ese momento estén conectados.

Cohorte
Conjunto de usuarios que ha sido añadido mediante un *plugin* de inscripción por sincronización de cohorte.

Comunicación asíncrona
Comunicación que se produce a diferente tiempo.

Comunicación síncrona
Comunicación que se produce al mismo tiempo.

e-learning
Es un anglicismo que se usa junto con otros términos como teleformación, formación *online* o enseñanza virtual para denominar la modalidad educativa que usa las tecnologías de la información y comunicación (TIC) como medio para desarrollar el proceso de enseñanza/aprendizaje.

EVA
Entornos virtuales de aprendizaje.

Foro
Es una técnica de comunicación oral, en un lugar físico o virtual a través de internet, que se emplea para reunirse e intercambiar ideas y opiniones sobre diversos temas de interés común.

Interoperatividad
Es la capacidad de los sistemas de información y de los procedimientos a los que estos dan soporte de compartir datos y posibilitar el intercambio de información y conocimiento entre ellos.

LMS
Learning Management System, en español, "sistemas de gestión del aprendizaje".

m-learning
Modalidad educativa que adapta el proceso de enseñanza/aprendizaje para el uso de los *smartphones.*

Moodle
Plataforma educativa, de las más usadas en la actualidad.

Normalización
Es el proceso de elaborar, aplicar y mejorar las normas que se emplean en distintas actividades científicas, industriales o económicas, con el fin de ordenarlas y mejorarlas.

Parametrización
Parametrizar: describir o estudiar algo mediante parámetros.

PayPal
Es un sistema de pagos en línea que soporta transferencias de dinero entre usuarios y sirve como una alternativa electrónica a los métodos de pago tradicionales como cheques y giros postales.

Plataformas virtuales
Una plataforma educativa virtual es un programa que engloba diferentes tipos de herramientas destinadas a fines docentes. Su principal función es facilitar la creación de entornos virtuales para impartir todo tipo de formaciones a través de internet. Las tareas que permiten hacer son, por ejemplo: organizar contenidos y actividades dentro de un curso *online,* gestionar las matriculaciones de los estudiantes, tener un seguimiento de trabajo durante

el curso, resolver dudas y crear espacios de comunicación interactiva, evaluar los progresos de los alumnos, etc.

Repositorio
Espacio centralizado donde se almacena, organiza, mantiene y difunde información digital, habitualmente archivos informáticos, que pueden contener trabajos científicos, conjuntos de datos o *software*.

Rol
Papel o función que alguien o algo desempeña.

SCORM
Del inglés *Shareable Content Object Reference Model,* traducible al español como "modelo referenciado de objetos de contenido compartible", es un conjunto de estándares y especificaciones que permite crear objetos pedagógicos estructurados, con los objetivos fundamentales de facilitar la portabilidad de contenido de aprendizaje, poder compartirlo y reusarlo.

Software
Es el conjunto de los componentes lógicos necesarios que hacen posible la realización de tareas específicas, en contraposición a los componentes físicos, que son llamados *hardware*.

Target
Público objetivo al que están dirigidos los productos y la publicidad de una campaña de *marketing*. La palabra *target,* como tal, proviene del inglés, y significa en español "objetivo", "blanco" o "meta". Para su uso dentro del vocabulario especializado de las áreas de la mercadotecnia y la publicidad, puede traducirse como "público objetivo".

Teleformación
Modalidad educativa que basa el proceso de enseñanza/aprendizaje en la no presencialidad.

TIC
Tecnologías de la información y comunicación.

Usabilidad
Se refiere a la facilidad con que las personas pueden utilizar una herramienta particular o cualquier otro objeto fabricado por humanos con el fin de alcanzar un objetivo concreto.

Wiki

Básicamente es una página web donde todo el alumnado puede participar de forma colaborativa en su creación. También permite la opción de que cada alumno/a cree su propia *wiki*.

Bibliografía

Textos electrónicos, bases de datos y programas informáticos

→ Contenido interactivo H5P, de: <https://uned.cr/dpmd/pal/images/documentos/ Profesores/contenido-interactivo-H5P.pdf>.

> Se trata de un listado resumen con las opciones disponibles para elaborar contenido interactivo con la herramienta H5P y así diversificar el entorno virtual. Programa de Aprendizaje en Línea (PAL), Universidad Estatal a Distancia de Costa Rica (UNED).

→ El gestor de proyectos *e-learning,* introducción a las mejores prácticas, los métodos y las habilidades, de: <https://openaccess.uoc.edu/ bitstream/10609/70387/3/El%20gestor%20de%20proyectos%20 de%20e-learning%2Cintroducci%C3%B3n%20a%20las%20mejores%20 pr%C3%A1cticas%2C%20los%20m%C3%A9todos%20y%20las%20habilida-des.pdf>.

> Artículo basado en un estudio cuyo objetivo es el análisis de los modelos organizativos a nivel institucional, las herramientas tecnológicas y los recursos didácticos que caracterizan las enseñanzas de formación profesional a distancia en todo el territorio español. Su autora es Ileana de la Teja.

→ Introducción al *e-learning,* de: <http://empleoyformacion.jccm.es/fileadmin/ user_upload/Otras_Entidades/entidades_sinanimo/Acc._complementa-rias/2004/200411.pdf>.

> Manual de consulta con información básica para la creación y edición de contenido para formación *e-learning,* realizado por la Junta de Castilla-La Mancha, empleo y formación.

→ El rol del profesor en la transición de la enseñanza presencial al aprendizaje *"online",* de: <dialnet.unirioja.es/descarga/articulo/755201.pdf>.

> Escrito por Carlos Castaño Garrido, de la Universidad del País Vasco, este artículo analiza las experiencias llevadas a cabo en el ámbito de la enseñanza a distancia y el uso de las nuevas tecnologías.

→ Evolución y estado actual de *e-learning* en la formación profesional española, de: <https://dialnet.unirioja.es/servlet/articulo?codigo=5545665>.

El artículo, escrito por Cristian Jorge García Marcos y Julio Cabero Almenara, de la Universidad de Sevilla, está basado en un estudio cuyo objetivo es el análisis de los modelos organizativos a nivel institucional, las herramientas tecnológicas y los recursos didácticos que caracterizan las enseñanzas de formación profesional a distancia en todo el territorio español.

→ Manual tutor teleformación, de:
<https://docs.moodle.org/all/es/Manuales_de_Moodle>.

Este manual, realizado por Enrique Castro López-Tarruella, pretende dar una visión del manejo de *Moodle* desde el punto de vista del profesor, detallando los privilegios y funciones específicos que esta plataforma atribuye a los profesores de los cursos virtuales.

→ *Moodle,* de: <http://www.moodle.org/>.

Se trata de la plataforma más usada a nivel mundial, a través de este enlace se podrá tener acceso a la plataforma.

→ Plataformas educativas *e-learning* para el soporte de contenidos educativos abiertos, de: <https://dialnet.unirioja.es/servlet/articulo?codigo=2291412>.

Artículo realizado por Josep M. Boneu. En él se analiza cómo el proceso de aprendizaje no es ajeno a los cambios tecnológicos. Así pues, el aprendizaje a través de las TIC o *e-learning* es el último paso de la evolución de la educación a distancia. El *e-learning* proporciona la oportunidad de crear ambientes de aprendizaje centrados en el estudiante. Estos escenarios se caracterizan, además, por ser interactivos, eficientes, fácilmente accesibles y distribuidos. Un escenario de *e-learning* debe considerar ocho aspectos: diseño institucional, pedagógico, tecnológico, de la interfaz, evaluación, gerencia, soporte y ética de uso.

→ Reporte técnico de modelo de calidad de un LMS, de: <https://es.scribd.com/document/470969075/Reporte-Tecnico-Modelo-de-Calidad-LMS-pdf>.

En este artículo se presenta una introducción a la definición de LMS, con el propósito de entender las diferentes acepciones del concepto, así como sus características. También se muestra un modelo conceptual integrado y se proponen conclusiones y recomendaciones con el propósito de poder desarrollar un modelo de calidad que permita evaluarlo, y seleccionar el LMS más adecuado a las necesidades de un contexto particular.

→ Sistemas de gestión del aprendizaje – Plataformas de teleformación, de: <https://www.um.es/ead/red/50/zapata.pdf>.

Artículo redactado por Miguel Zapata Ros, de la Universidad de Murcia. El presente texto constituye una propuesta para el debate y la reflexión sobre la naturaleza y la definición de los sistemas de gestión del aprendizaje.